LES PETITES ROUTES

ESCAPADES BUISSONNIÈRES EN FRANCE

À Simone, Audrey, Colette, et Pierre,
en souvenir des balades dans la 2 CV
et la Peugeot 104 familiales.
À Champfromier et Villebois,
mes petites routes de cœur.

— Laurence Guilloud

À ma mère, Claude, qui m'a transmis
le goût de la photo et des livres
et à mon père, Guy, celui des longs trajets
automobiles et des cartes routières
qui se déchirent. Et à ma soeur Gaëlle
et mon frère Renaud, voisins de banquette arrière.

— Fabrice Le Dantec

LES PETITES ROUTES

Laurence Guilloud
Fabrice Le Dantec

ESCAPADES BUISSONNIÈRES EN FRANCE

VOYAGES
GALLIMARD

La
route
est
belle.
CAFÉ
BAR

UN ROAD TRIP BUISSONNIER

au petit bonheur la France

Pendant le confinement du printemps 2020, nous nous sommes fait une promesse. Dès que le feu repasserait au vert, nous filerions sur les petites routes de France ! Pour respirer l'air du pays, sans autre but que de faire le plein d'énergie et de bonnes ondes auprès de celles et ceux qui se réinventent loin des grands axes ou ont choisi des vies singulières en ouvrant grand leurs portes.

Éviter les péages et les circuits balisés. C'est avec cette règle de conduite que nous avons, durant l'été, bouclé un tour de France de l'intérieur, un voyage à la maison, en quelque sorte, propice au dépaysement de proximité. Envie d'une guinguette cachée dans les marais ? Rendez-vous page 22. Une chambre d'hôtes dans un château ou un stage de poterie ? Direction l'Indre. Arrêtons-nous à Tonnerre dans l'Yonne pour visiter une incroyable chocolaterie abandonnée au décor Napoléon III. Dans le Bugey, on dormira dans une ancienne école aux murs bleu Majorelle. À Vierzon, on pourrait bien se laisser tenter par l'achat d'un tracteur vintage. Un étang pour le week-end dans l'Argonne, des roulottes de Playmobil® dans l'Allier, une cueillette sauvage sur les bords de Loire, des casse-croûtes d'anthologie au détour des champs, nous avons ramené tout cela dans notre valise !

Cheminer sur les petites routes, c'est un état d'esprit. Quand la ligne pointillée disparaît du bitume, un autre voyage peut commencer. Plus calme, plus poétique. Alors, on lève le pied, prêts à bifurquer au prochain croisement, à ne pas arriver à l'heure, à se laisser distraire, dérouter, tenter par un panneau, une adresse, une balade, un coup de cœur ou un dernier coup d'œil avant la nuit. Nous espérons que ces pages vous donneront envie de tailler la route dans une France mal connue mais terriblement attachante, histoire de changer d'air pour 3 jours ou... pour la vie !

LAURENCE GUILLOUD
& FABRICE LE DANTEC

LES PETITES ROUTES

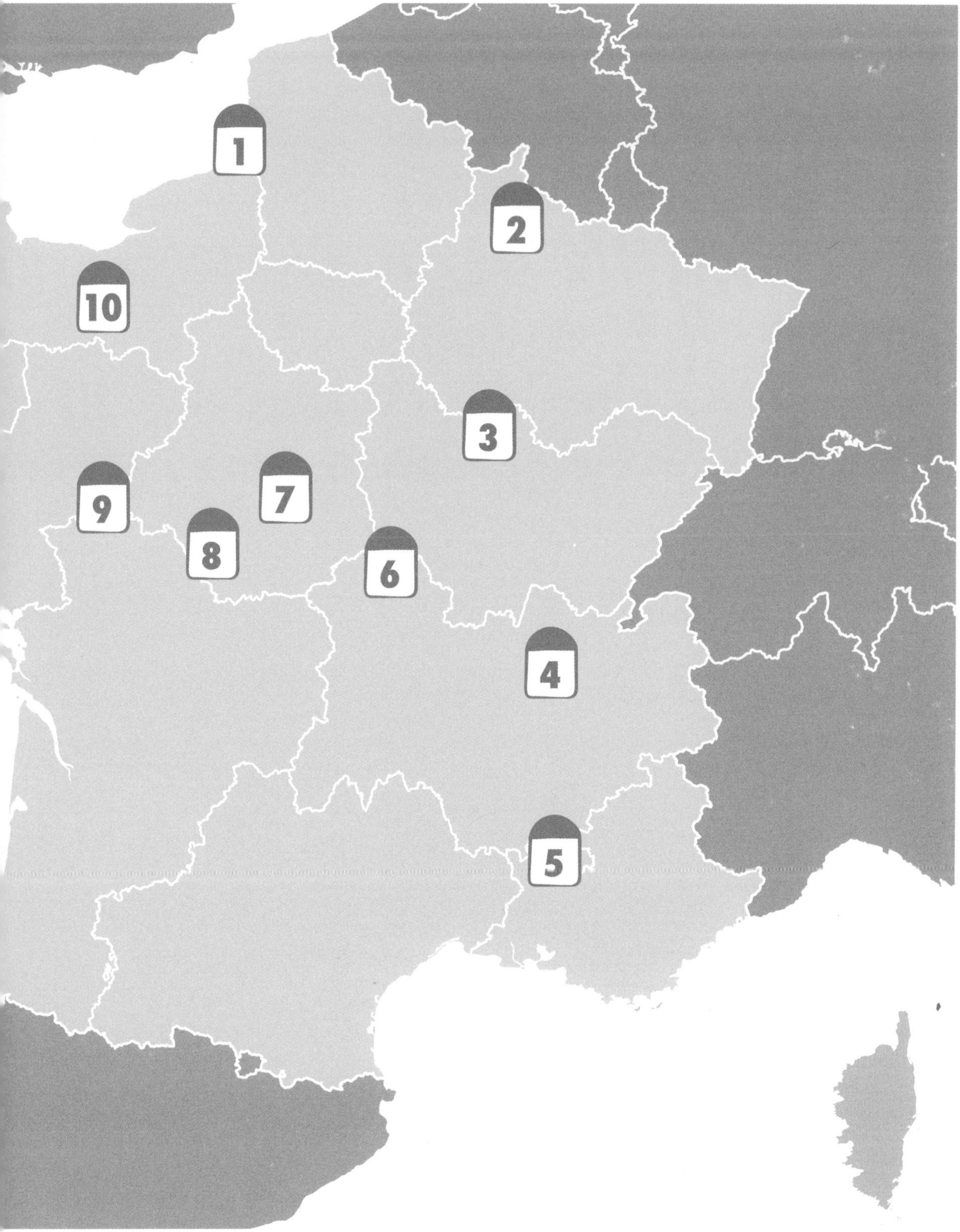
1
2
10
3
9
7
8
6
4
5

1

RETROUVER LE NORD

Par où commencer notre voyage hexagonal ? Parce que nous avons plus besoin de chaleur humaine que de canicule, ce sont les gens du Nord qui ouvrent le bal. Entre campagne et bord de mer, à la frontière du Pas-de-Calais et de la Somme, nous découvrons une terre attachante et incroyablement dépaysante.

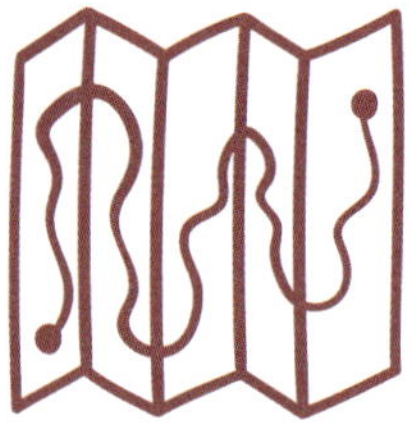

LE NORD

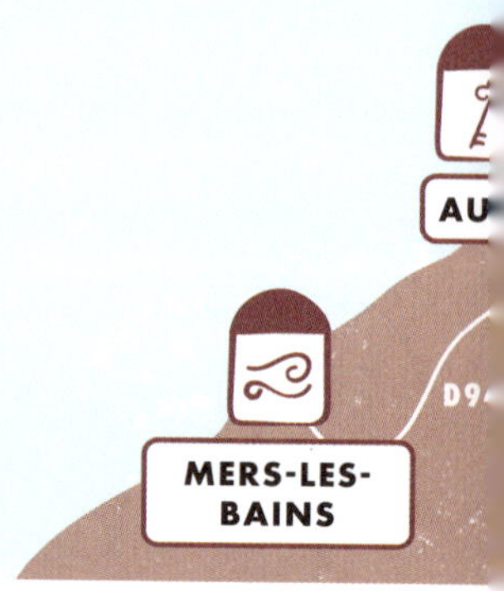
MERS-LES-BAINS

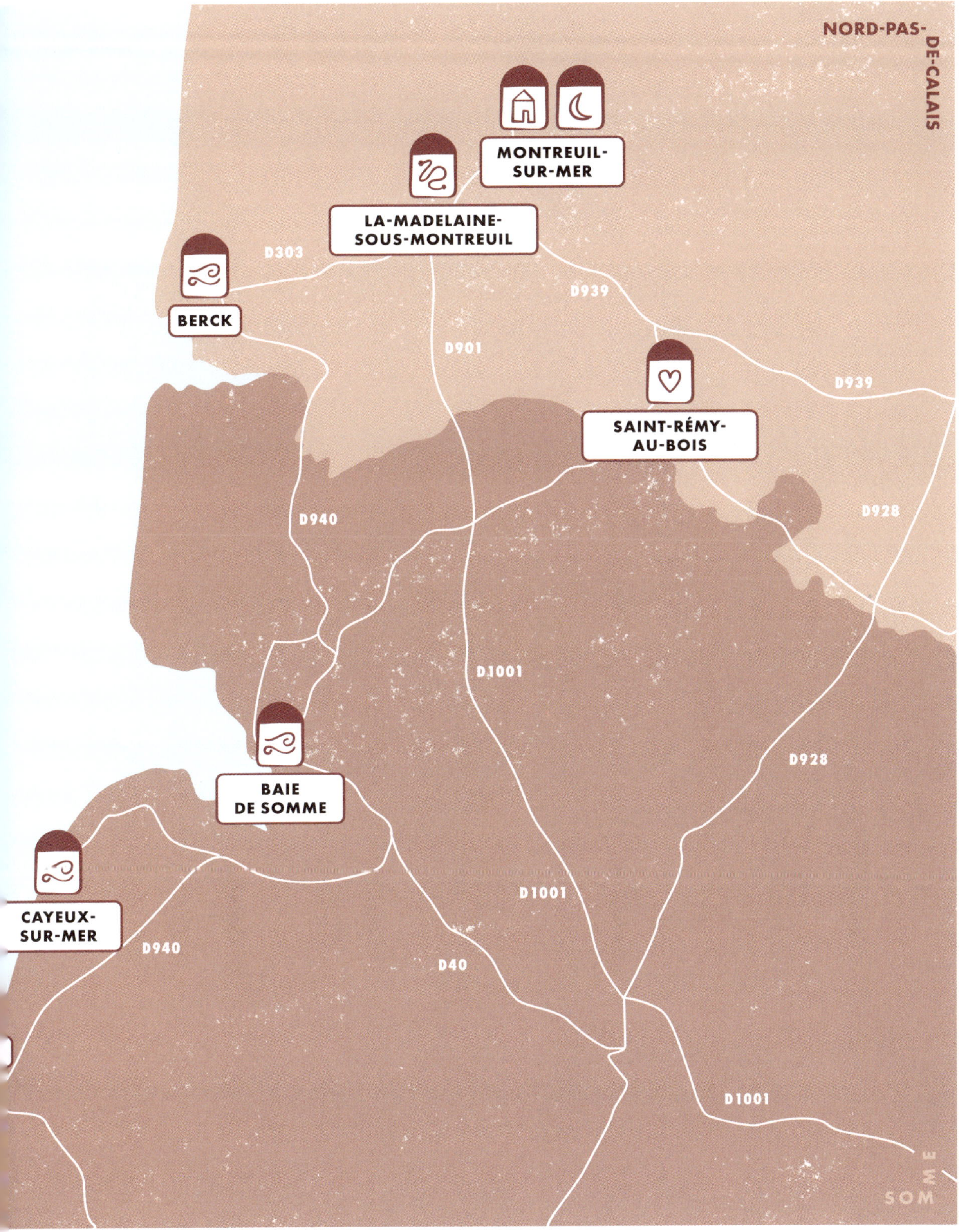

NORD-PAS-DE-CALAIS
MONTREUIL-SUR-MER
LA-MADELAINE-SOUS-MONTREUIL
BERCK
D303
D939
D901
D939
SAINT-RÉMY-AU-BOIS
D940
D928
D1001
BAIE DE SOMME
D928
CAYEUX-SUR-MER
D1001
D940
D40
D1001
SOMME

L'AIR
DU PAYS

LES GENS
du bord de mer

CAYEUX-SUR-MER

6M² DE PARADIS

Malgré un passage incessant sous sa fenêtre, il semble indifférent aux bruits, aux regards et à la curiosité des estivants. L'heureux propriétaire d'une cabine de plage vit dans sa bulle et sur son petit nuage. Qu'il pêche, qu'il lise, bronze ou trinque avec ses amis à l'heure de l'apéro. C'est vrai ça, pourquoi se plaindre quand on a une vue mer imprenable ? Un privilège à la portée de tous. À Cayeux-sur-Mer, sur les 460 cabines, un tiers se loue à la belle saison. Cet emblème de la station balnéaire (on se targue ici d'avoir le plus long chemin de planches d'Europe) marque les saisons. À la mi-septembre, lorsque les cabines de plage sont démontées jusqu'à l'année prochaine, on sait que l'été est bel et bien terminé.

MINIMAISON OU IMMEUBLE COSSU,
LE RIVAGE AFFICHE LA COULEUR.

MERS-LES-BAINS

UNE PROMENADE HAUTE EN COULEURS

Un kilomètre de surenchère, ça ressemble à quoi ? À la ribambelle de villas de Mers-les-Bains (veillez à bien prononcer le « s »)! Elles en font des tonnes et c'est précisément le but. Sorties de terre à la fin du XIXe siècle, leurs propriétaires sont alors des aristocrates et de riches bourgeois parisiens et amiénois que le nouveau chemin de fer a conduits aux falaises calcaires de Mers-les-Bains.

Le coup de foudre tourne à la toquade : le besoin d'y établir sa résidence secondaire devient impérieux, l'immobilier s'emballe. Les terrains, étroits, exigent des maisons sur trois étages, toutes mitoyennes. Alors pour sortir du lot, on rivalise de fantaisie quitte à avoir la main lourde sur les couleurs.

Prévoyez une bonne heure et demie pour sillonner le quartier. Aventurez-vous dans les rues adjacentes moins fréquentées et croquez chaque détail. C'est une gourmandise visuelle pour qui aime notamment l'architecture Art nouveau. On repart de Mers avec le sentiment d'avoir dévalisé une pâtisserie. Sucré mais délicieux.

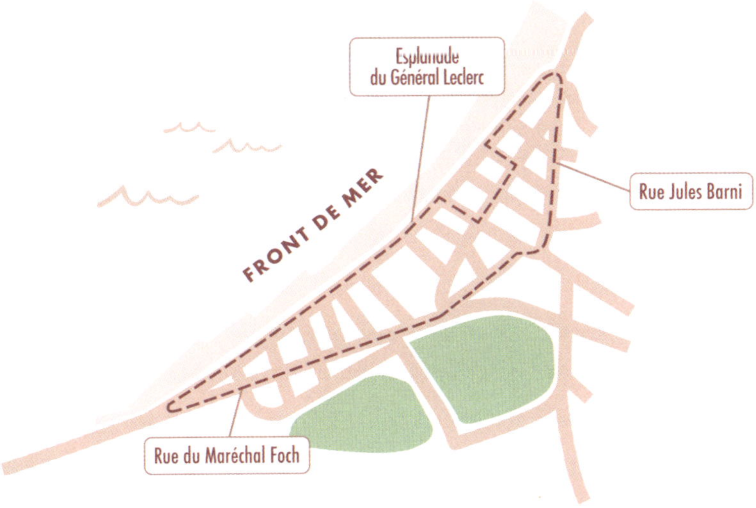

BON À SAVOIR

L'Office de Tourisme

Destination le Tréport organise des balades guidées du quartier pendant les vacances scolaires.

Sur réservation.

destination-letreport-mers.fr

Tél : 02 35 86 05 69

▷ *5 €, gratuit pour les moins de 6 ans.*

UN FRONT DE MER
MULTICOLORE
DIGNE D'UN DÉCOR
DE FILM DE
WES ANDERSON.
FORCÉMENT,
ON ADORE !

HEURES
CLAIRES
8

RESTAURANT
J. ROULLÉ
Chocolat
Café au lait
0.50
PENSION
depuis
5 f. 00 par jour
GARAGES

VILLA
PARISIENNE

SECRET D'INITIÉ

VERTICALEMENT *vôtre*

AULT

LA FALAISE RECULE

Le plat pays ? Quel plat pays ? Passée la baie de Somme, commence un paysage abrupt et vertical qui joue les fiers-à-bras face à la Manche. Nous vous conseillons vivement de vous arrêter dans la petite ville côtière de Ault, spot « waouh » garanti pour photographier les falaises de craie. Risque d'éboulement oblige, on évitera de marcher au pied de ces fragiles colosses.

RAPPEUR CHERCHE
BEAT MAKER
06 16 96 27

LE JOLI DÉTOUR

LA PETITE GUINGUETTE *du marais*

LA MADELAINE-SOUS-MONTREUIL

On appelle cela une image refuge. Un coin de ciel bleu ou de grand vert à garder dans un coin de sa tête et à désarchiver lorsque sa petite météo mentale annonce grisaille et précipitations. Le souvenir de la guinguette du Grand Bain, de son étang et de sa petite barque offre ce genre de réconfort.

Niché au cœur des marais de La Madeleine-sous-Montreuil, les soirs d'été l'endroit a des airs d'éternité. Né de la rencontre de Juliette, directrice de production pour le théâtre, et Amaury, architecte paysagiste, ce repaire verdoyant est leur lieu de vie, de travail, d'expérimentations artistiques et, à la belle saison, une guinguette « tranquille pour apéritifs contemplatifs ».

Juliette était habituée à fouler le parquet des scènes de théâtres parisiennes. C'est désormais les pieds dans l'herbe qu'elle exerce son métier, invitant artistes et musiciens à poser leurs bagages sous les arbres le temps d'un début de soirée. Car à 21 h, on remballe ! Il ne s'agit pas de troubler la tranquillité de la faune des marais, ni celle de Marcel, le timide paon vivant sur la propriété. Les portes s'ouvrent, elles, à 17 h. Pour accéder à ce petit paradis, il faut emprunter le chemin des Marais, puis fouler le chemin de la Source. Tout un poème, déjà.

Et pour prolonger l'expérience, sachez que le Grand Bain compte également quatre cabanes hors du monde, plongées dans la végétation.

« Ce lieu a une poésie innée, il invite naturellement à l'émerveillement. Pour la programmation, il suffit de se laisser guider. Dernièrement, nous avons imaginé un concert avec un piano flottant sur l'étang. Magique ! »

JULIETTE

*Perdues dans la végétation,
des cabanes à louer pour la nuit,
comme autant d'invitations à jouer
les Robinsons.*

LE GRAND BAIN

Chemin du Marais
62170 La Madelaine-sous-Montreuil.

Accès à pied depuis le chemin de la Source.

Tél : 06 18 13 02 74
legrandbain.eu

▷ *Cabanes à louer à partir de 80 € la nuit.*

▷ *La guinguette est ouverte en juillet et en août, du mercredi au dimanche de 17 h à 21 h.*

BAIE DE SOMME

RENDEZ-VOUS MANQUÉ !

Ces locomotives à vapeur et leurs voitures Belle Époque cheminent gracieusement entre les prés salés, les champs et les marais de la Baie de Somme grâce à une bande de passionnés. Elles empruntent l'ancienne ligne de chemin de fer autrefois joliment appelée « Réseau des Bains de Mers ». Nous ne serons pas du voyage cette fois-ci. Arrivés en gare, il était trop tard... C'est au détour d'une petite route que le sifflet de la locomotive nous a remis sur sa voie à proximité de Saint-Valéry-sur-Somme.

BON À SAVOIR

La réservation des billets s'effectue en ligne sur chemindefer-baiedesomme.fr.

LA BELLE RENCONTRE

UN THÉ *sous les pommiers*

SAINT-RÉMY-AUX-BOIS

GOOD MORNING PAS-DE-CALAIS !

Comment trouver sa place dans un petit village du Pas-de-Calais (Saint-Rémy-au-Bois, 102 habitants) quand on est citoyens britanniques ne parlant pas un mot de français et ses voisins pas un mot d'anglais ? En emportant une recette de marmelade dans vos valises, vous diront Judith et Nick Gifford. La gastronomie, ce langage universel.

Elle était autrefois productrice pour la télévision, lui cameraman pour la BBC. Et à la question « la cuisine était-elle une de leurs passions ? », la réponse est un grand « *no !* ». Mais comme tout Anglais digne de ce nom, ils ont reçu en héritage le goût des bonnes confitures. « Nous installer ici en 1991 impliquait de changer de métier et de créer notre activité. On s'est dit que vendre des petits pots de marmelade sur les marchés locaux pouvait être une piste », résument-ils.

Le plus court chemin
du verger à la cuillère.

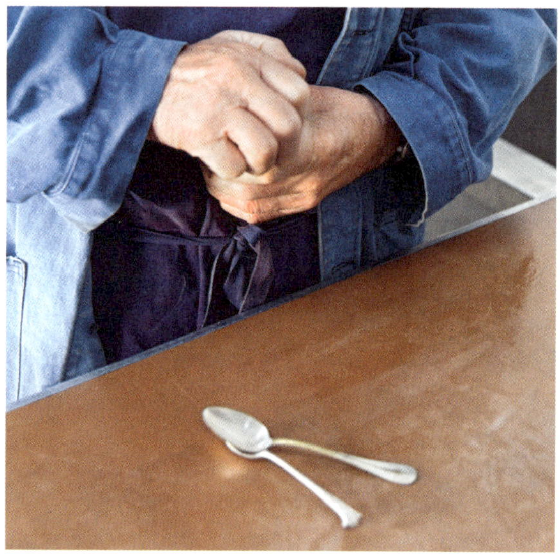

Une certaine idée de la liberté.

UNE HISTOIRE DE GOÛTS

Les débuts sont difficiles, la clientèle française se révèle, au premier abord, peu réceptive. Jusqu'à ce que le fondateur des hôtels Costes, puis Alain Ducasse repèrent leur goûteuse petite production. « Ne me demandez pas comment, mais ces collaborations sont littéralement tombées du ciel ! Quand nous nous sommes lancés, la confiture en France traversait une mauvaise période niveau goût et qualité, les chefs et les hôteliers cherchaient à retrouver des saveurs perdues. Nous étions là au bon moment je crois », analyse Judith.

À leur lancement leur credo est : des recettes simples, artisanales, bio et avec des ingrédients réduits à leur portion congrue, à savoir de très bons fruits et un sucre bien maîtrisé. Trente ans plus tard, leur philosophie n'a pas bougé d'un iota.

Si leurs confitures se dégustent aujourd'hui dans les palaces et hôtels de luxe *all around the world*, Judith et Nick ouvrent aussi les portes de leur maison-atelier au charme bohème le temps d'un brunch, d'un goûter ou d'un cours de confection de confitures en leur compagnie. L'été venu, demandez à prendre votre thé au jardin, sous les pommiers et les pieds dans l'herbe.

*« On rêvait du sud
de la France.
Finalement, on a
acheté une ferme
dans le Pas-de-Calais.
Il y a tout de même
un point commun :
les plages. »*

JUDITH

OPEN

APPLE

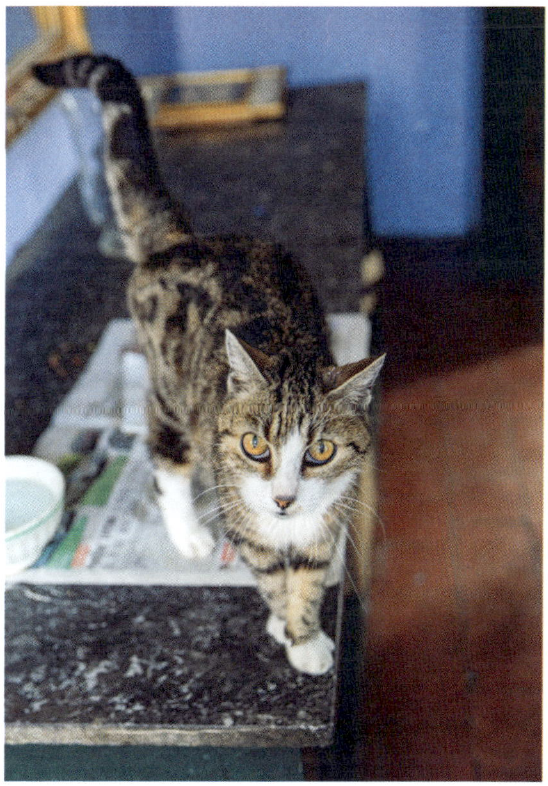

LE TEA ROOM

1 rue du Marais
62 870 Saint-Rémy-au-Bois.

Tél : 03 21 86 19 40
judy@teatogether.fr
letearoom.com

12 € le goûter avec thé, cake, scones et farandole de confitures.

Brunch uniquement sur réservation.

▷ *Le salon de thé est ouvert tous les jours, toute l'année de 14 h à 18 h.*

- Do you speak french?
- Thank God, no!

LA PETITE ADRESSE

PAPETERIE *gourmande*

MONTREUIL-SUR-MER

Côté face, l'adresse a déjà tout pour plaire : une papeterie bien fournie comme on en fait presque plus. Ah ! L'odeur des cahiers neufs. Il faut pousser la porte et s'aventurer au fond de la boutique pour découvrir le côté pile : un coin café où venir manger sur le pouce à midi les tartines du jour de Clément et Ophélie, les propriétaires des lieux. Ils ont quitté leur vie citadine à Lille pour la douceur de vivre de Montreuil-sur-Mer. Spoiler : ils ne le regrettent pas une seconde.

GOMMES
ET ENVELOPPES
MULTICOLORES
EN PAGAILLE,
TOUT EST
TENTATION.

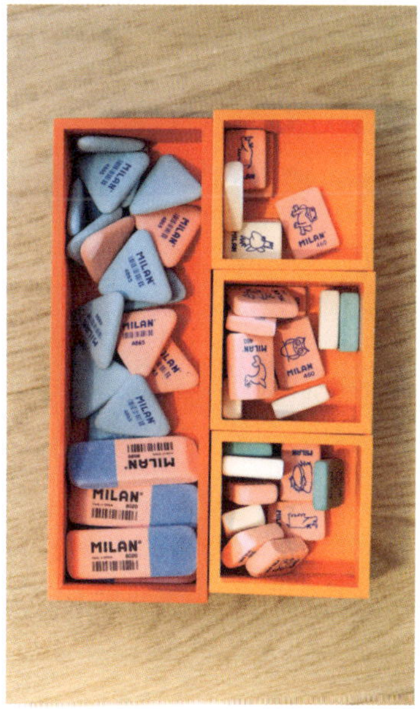

MARITHÉRÈZ

31 place du Général de Gaulle
62170 Montreuil-sur-Mer.

maritherez.fr

▷ *Ouvert du mardi au samedi de 10 h à 19 h.*

L'AIR DU PAYS

BANDE *de potelés*

BERCK

Ce soir-là sur la digue, nous sommes une petite trentaine, scrutant la rive dans un silence respectueux. À une cinquantaine de mètres, les stars s'adonnent à leur occupation favorite, farniente et dégourdissement des nageoires, en nous accordant, parfois, vaguement, un regard indifférent.

Qui observe qui ? Nous avons la réponse. À Berck, tous les jours, c'est le même rituel. Une bande de phoques débarque sous les yeux (émerveillés) des humains. Un habitué nous a confié : « Je viens les voir une fois par semaine » avant de conclure « et franchement, on ne s'en lasse jamais ».

TANT QU'ON
NE LES A PAS VUS,
FIDÈLES AU POSTE,
LES PHOQUES
DE BERCK ONT
TOUT DE LA LÉGENDE
DE BORD DE MER.
COMME LA SARDINE
DE MARSEILLE

OÙ VOIR LES PHOQUES À BERCK ?

Toute l'année, 2 h 30 avant la marée basse (consultez le calendrier des marées pour connaître les horaires du jour) à la jonction entre l'Authie et la Manche, à la base nautique, en empruntant le Chemin aux Raisins.

Les bébés phoques sont visibles en hiver et durant les mois de juin/juillet.

EN REVENANT VERS LA VILLE, ON NE PEUT PAS LA LOUPER. PASSER SANS S'ARRÊTER ? CERTAINEMENT PAS ! HONNEUR AUX FRITES DU NORD.

LA FRITERIE BERCKOISE

1 promenade du Professeur Jean Debeyre 62600 Berck.

▷ *Le camion lève le rideau tous les jours de 11 h 30 à 14 h et de 19 h à 23 h.*

Avertissement aux estomacs non préparés, la grande frite porte très bien son nom.

EXTINCTION DES FEUX

MAISON DE FAMILLE *recomposée*

MONTREUIL-SUR-MER

Qu'est-ce qu'une rénovation réussie ? Sûrement, celle qui ne se voit pas. À Montreuil-sur-Mer, cette bâtisse de 1800 à l'escalier grinçant et aux parquets de concert était à vendre. Beaucoup de cachet, charme de l'ancien, vanterait un agent immobilier. Alexandre Gauthier, chef doublement étoilé du restaurant La Grenouillère (à La Madeleine-sous-Montreuil) y a niché une maison d'hôtes baptisée PieuX en respectant scrupuleusement la poésie de l'existant et ses belles imperfections.

Qu'est-ce qui était là avant ? Qu'est-ce qui ne l'était pas ? Impossible de savoir, tant la recomposition est parfaite. À votre arrivée, on vous remet le trousseau de clefs de la demeure. Car une fois la nuit venue, les invités se retrouvent seuls dans la maison avec comme point de rencontre le salon du rez-de-chaussée et son feu de cheminée. Bref, on s'y sent comme chez soi et, cette fois, ce n'est pas juste une impression.

OÙ DÎNER À MONTREUIL-SUR-MER ?

À la Froggy's Taverne, la rôtisserie d'Alexandre Gauthier. Une taverne contemporaine cachée au fond d'une impasse pavée.

51 bis place du Général de Gaulle 62170 Montreuil-sur-Mer.

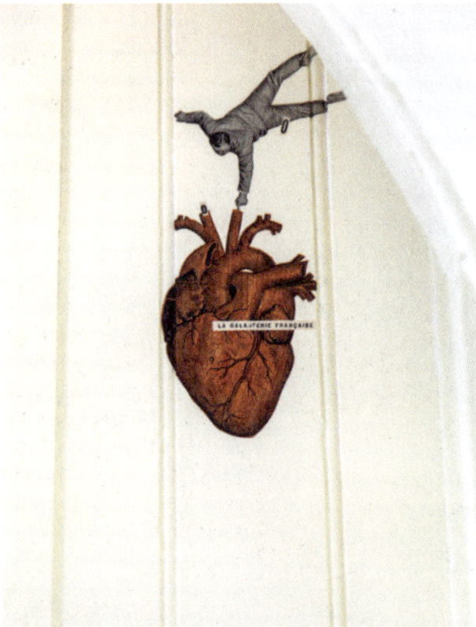

LA GRENOUILLERE
VENDREDI
18
SEPTEMBRE

SE SENTIR COMME
CHEZ SOI,
MAIS EN MIEUX.

PIEUX

1 rue des Étuves
62170 Montreuil-sur-Mer.

Tél : 06 32 17 64 25
pieux.ellohaweb.com

▷ *Chambre double à partir de 140 €.*

2

RENDEZ-VOUS DANS L'ARGONNE

La France est un puzzle de petits pays aux frontières un peu floues que l'on traverse souvent à son insu. Soudain, nous voilà en Argonne, pays de forêts et d'étangs. Ici, on se reconnecte à la nature en écoutant cette petite voix intérieure qui dit « faisons-nous oublier du reste du monde et profitons du moment ».

LE JOLI DÉTOUR

L'APPEL *de la forêt*

PASSAVANT-EN-ARGONNE

Plus ou moins 208 habitants. Un point de départ sur mesure pour qui veut sillonner les forêts profondes et rêvasser près des étangs. Mais avant de crapahuter, on passe à table ! Rendez-vous au bout de la rue au « Relais de La Forêt » pour un casse-croûte rassurant à la bonne franquette. Produits frais, cuisine maison, patron à l'ancienne, pompes à essence et baby-foot. Deux heures passent et nous voilà prêts pour une échappée forestière en douceur vers la forêt de Beaulieu ou une belle boucle digestive de 17 kilomètres d'exploration des gorges d'Argonne (prévoir 4 h 30 de randonnée).

LA FUITE DE LOUIS XVI À VARENNES, LA BATAILLE DE VALMY (1792), LES COMBATS DE LA PREMIÈRE GUERRE MONDIALE... ICI, LA GRANDE HISTOIRE N'A PAS FAIT LES CHOSES À MOITIÉ.

BEAULIEU-EN-ARGONNE

Sous les arbres, entre Passavant et Beaulieu-en-Argonne, à l'ermitage de Saint-Rouin, se cache une spectaculaire chapelle aux allures de vaisseau extraterrestre. Ce grand bloc de béton brut sur pilotis, édifié entre 1954 et 1961 selon les plans du père Rayssiguier, architecte disciple de Le Corbusier, abrite de superbes vitraux dessinés par l'artiste japonaise Kimié Bando. Quand la lumière pénètre la chapelle, on a peine à croire que ce vertigineux kaléidoscope coloré, évoquant les ramifications des branches et les nervures des feuilles, fut imaginé alors que Kimié n'avait que… 14 ans !

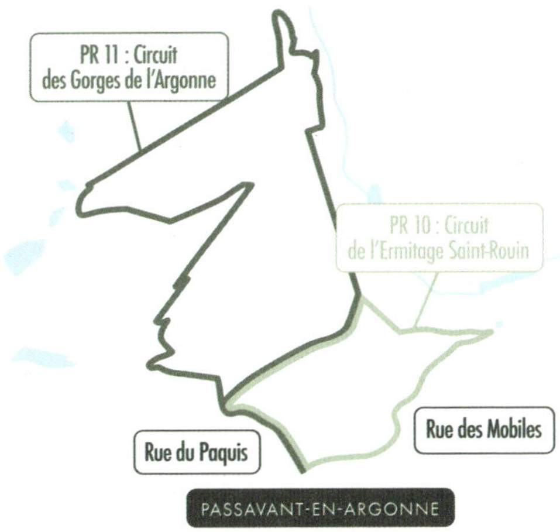

BALADE AU DÉPART DE PASSAVANT-EN-ARGONNE

Chemin PR11
Circuit des Gorges d'Argonne
4 h 30 – 17 km.

Chemin PR10
Circuit Ermitage de Saint Rouin
2 h – 7 km.

UN ÉTANG
pour soi

LE CHEMIN

UN WEEK-END SUR PILOTIS

Une cabane naît d'abord dans l'imaginaire. Chacun a sa petite idée du refuge parfait et rassurant, construit à l'abri de la fureur du monde. Puis vient le moment de jeter les grandes lignes sur le papier. S'ensuivent alors des débats passionnés. Rien d'impossible pour les rêveurs. Il a ainsi fallu cinq ans de réflexion à Nadia et Hervé pour bâtir leur cocon. Le lieu idéal, ce couple d'agriculteurs et de pisciculteurs le possédait déjà : un étang privé bordé d'une épaisse forêt, sur lequel veillaient les moines d'une abbaye au Moyen Âge.

Deux options pour explorer votre étang :
la barque ou la balade bucolique.

La rencontre fortuite avec un menuisier ébéniste hollandais, tombé sous le charme de la région, va donner matière au rêve. C'est dans du châtaignier, de l'acacia et du mélèze qu'est née cette cabane perchée sur pilotis.

Et même si la 4G s'est frayée un chemin jusqu'ici, on se découvre des occupations très prenantes dans cette nature en majesté. Concerto de grenouilles sur le ponton à la nuit tombée, ballet de libellules à admirer depuis la barque, danse des hérons cendrés, etc. Les chanceux pourront apercevoir une famille de sangliers habitués à se rafraîchir en bord de rive. Il se dit même qu'une hôte a, un jour, surpris un grand cerf traversant majestueusement l'étang. Nadia et Hervé n'ont jamais pu en avoir la certitude. En tout cas, on a envie d'y croire.

CABANE DE L'ÉTANG MILLET

51800 Le Chemin.

cabanemillet@orange.fr

Tél : 06 23 58 49 83

Instagram : @cabanemillet

▷ *150 € la nuit la cabane pour 4.*

3

PLEIN CHAMP

Couchers de soleil et grands espaces dignes du Far West, villages médiévaux, chocolaterie abandonnée, maison dans les bois et bistronomie de bord de route... Quand on s'éloigne des grands axes et des vignobles, la Bourgogne et la Champagne s'amusent avec l'espace-temps !

LA BOURGOGNE

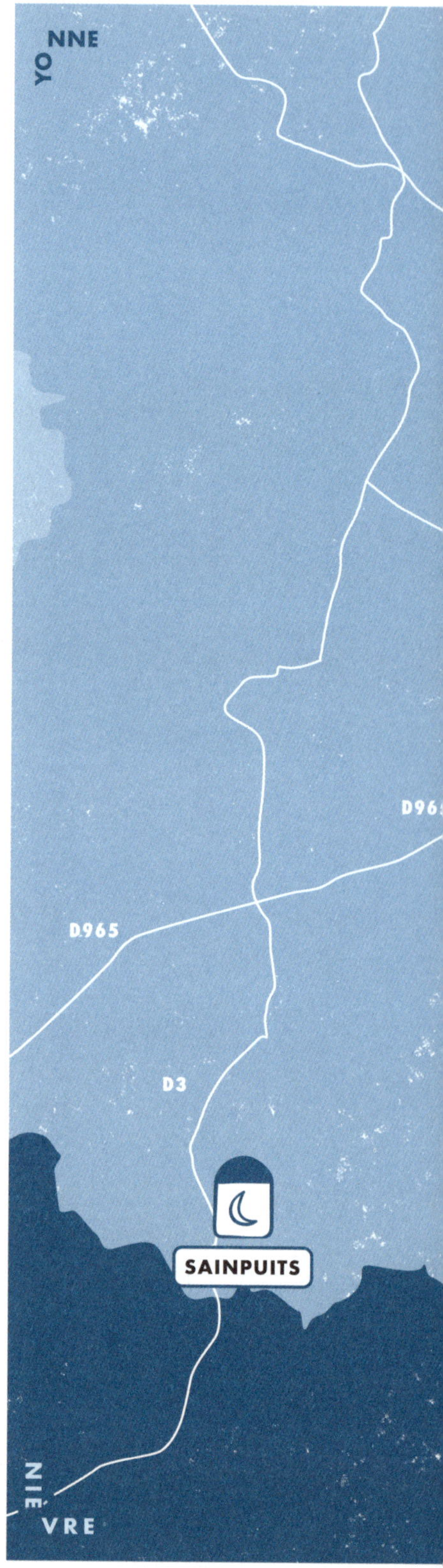
YONNE
D965
D3
SAINPUITS
NIÈVRE

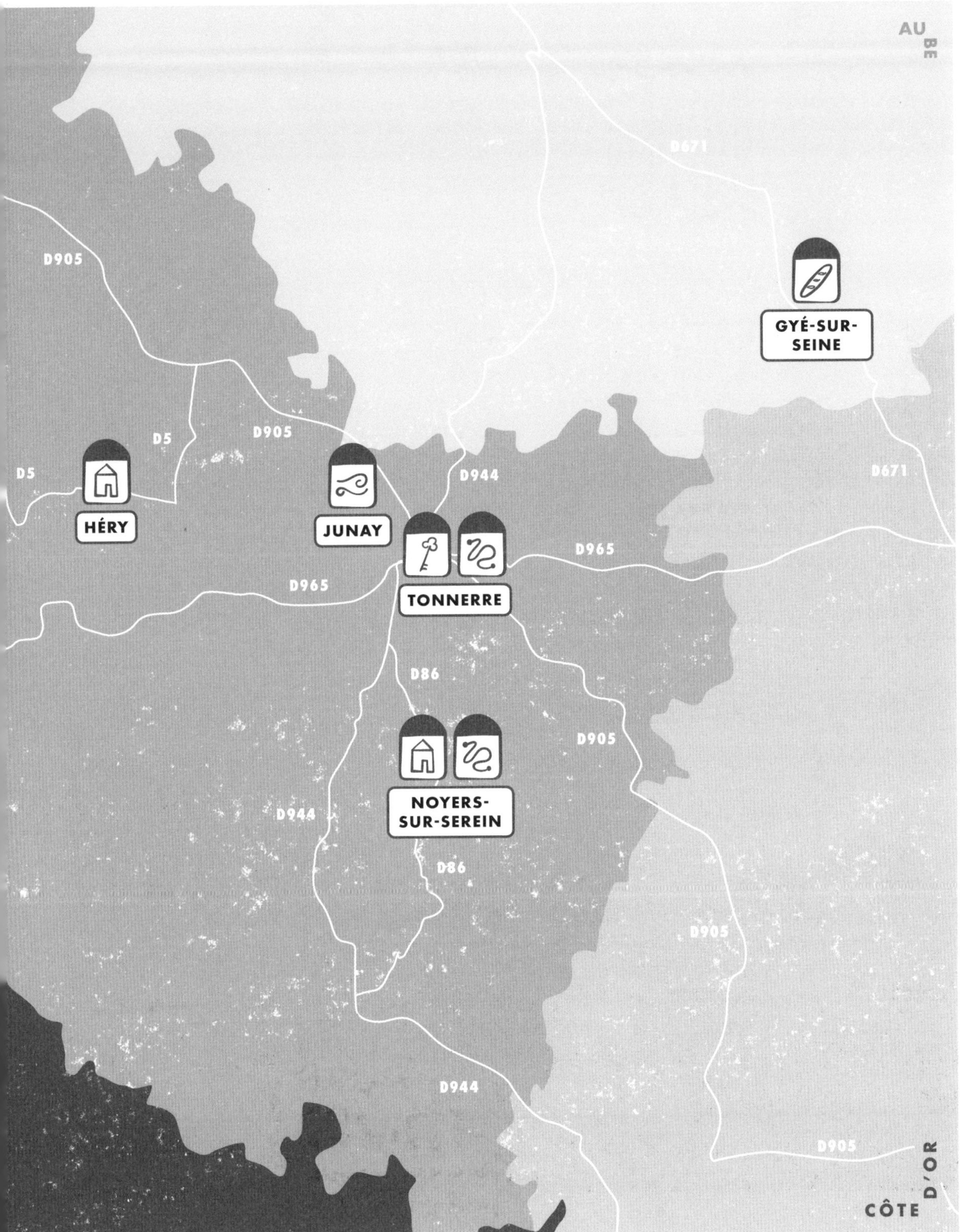
AUBE
D671
D905
GYÉ-SUR-SEINE
D5
D5
HÉRY
D905
JUNAY
D944
TONNERRE
D965
D965
D671
D86
D905
NOYERS-SUR-SEREIN
D944
D86
D905
D944
D905
CÔTE D'OR

CASSE-CROÛTE

CHEFS *de gare*

GYÉ-SUR-SEINE

A priori, les restaurants en bord de départementale convoquent une imagerie bien particulière peuplée de 38 tonnes et d'intense fatigue que l'on requinque à coups de steak frites et autres plats roboratifs. Pour schématiser, c'est le routier de la Nationale 7. Sur la D617, à Gyé-sur-Seine, le restaurant le Garde-Champêtre raconte une toute autre histoire. Celle d'une aventure de copains et d'une cuisine cosmopolite. Déplions la mappemonde. Ici les chefs, Sayaka Sawaguchi et Gil Nogueira, sont respectivement japonaise et portugais tandis que le boss, le restaurateur et caviste Juan Sanchez, figure de la bistronomie parisienne, est américain.

Dans cette folle aventure, il est épaulé par des amis vignerons et photographe. Car au départ, il n'y avait ici qu'un ancien dépôt SNCF délaissé. Tout était à rêver. La belle équipe s'en est chargée en créant un restaurant résilient, bien ancré sur terre (l'immense potager attenant fournit 80 % du besoin en légumes et vise l'autosuffisance) où la cuisine revendique à la fois sa simplicité et son érudition.

L'ancienne gare et son potager géant.

« On a planté deux variétés de maïs.
Je suis américain, on ne se refait pas ! »

JUAN

L'INTERNATIONALE DU GOÛT

Couple à la ville comme en cuisine, Sayaka et Gil voulaient quitter Paris. Dans leurs valises, ils ont embarqué un bout de leur patrimoine culinaire respectif.

« Au Portugal, nous avons une tradition autour du salage et séchage au soleil, tandis qu'au Japon il y a une vraie culture de la fermentation », résument-ils. D'une saison à l'autre, grâce à ce travail de conservation, le duo transporte ainsi au cœur de l'hiver le goût des légumes d'été.

Dans son champ de maïs, Juan revient sur son installation. « En 2018 à l'ouverture, on nous prenait pour des fous, on nous disait : mais c'est pour les bobos, ça, on n'est pas en ville ici. »

Deux ans plus tard, les réservations ne désemplissent pas. Bien sûr il y a encore des sceptiques à convertir. « Parfois on nous demande pourquoi nous ne proposons pas des plats iconiques de la gastronomie française comme la blanquette de veau. Cela n'aurait pas de sens, les grands-mères du village les feront toujours beaucoup mieux que nous. » Depuis quelques mois, le Garde-Champêtre s'est doté d'un maison d'hôtes douillette installée au cœur de Gyé-sur-Seine. Le restaurant est tout juste à dix minutes à pied.

LE GARDE-CHAMPÊTRE

50 route des Riceys
10250 Gyé-sur-Seine.

Tél : 03 52 96 00 06
legardechampetre.fr

▷ *La maison d'hôtes :*
The River House (Zen-sur-Seine)
3 chambres doubles, à partir
de 100 € la nuit.

LES CHATS LIBRES *de Junay*

JUNAY

On dit qu'il n'y a vraiment plus un chat dans certains coins de la campagne française. À Junay dans l'Yonne, cette affirmation relève de la pure désinformation. Dans ce village de 76 habitants, les félins sont partout pour un œil un tant soit peu averti quand ils se fondent dans le décor. En embuscade au coin d'une ruelle, paressant au soleil sur les toits de tuiles, sur le perron d'une maison...

Ils ne sont pas tout à fait comme nos chats domestiques habitués au moelleux des canapés. Cette clique-là a roulé sa bosse, préférant la liberté à une vie entre quatre murs. *Born to be wild*. Ni dieu, ni maître mais beaucoup de croquettes. Et n'allez pas dire que ce sont des chats errants. Ici on préfère joliment les qualifier de « chats libres ».

Leur ange gardien s'appelle Éric, cuisinier, comédien amateur, sosie vocal de Bourvil (à son insu) et amoureux des bêtes. Il y a quelques années, Éric a fondé une association baptisée « Les amis des chats libres de Junay » avec comme mot d'ordre : offrir le couvert, des soins et de l'attention aux chats libres. « Ils vont et viennent, ils savent qu'il y a toujours de quoi manger pour eux », résume-t-il. Au grand bonheur des flâneurs. Les chats peuvent-ils être un argument touristique ? La réponse est oui.

**ASSOCIATION
LES AMIS DES CHATS
LIBRES DE JUNAY**

89700 Junay.

À la pause déj, rendez-vous aux points «croquettes» installés dans le village.

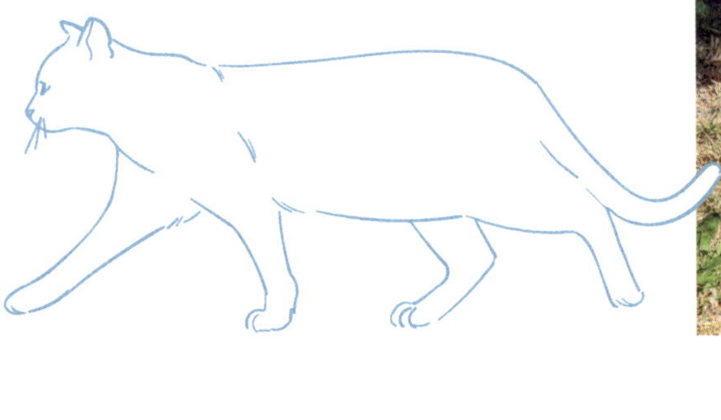

*Quand nous arrivons, Éric vient de réceptionner une palette de croquettes.
250 kilos sur la balance. En homme prévoyant, il stocke pour 4 ou 6 mois.*

LA PETITE ADRESSE

LE CAFÉ *du village*

HERY

Beaucoup n'y voyaient qu'un vieux bistrot oublié à vendre depuis... dans le village, on avait arrêté de compter les années. Derrière ce rideau fermé, Virginie a décelé tout autre chose. Un idéal pour commencer : celui du petit café de village aussi humble qu'inoxydable, rassurant et rassembleur. Du genre à vous tenir chaud au cœur. « En l'achetant, c'est comme si je l'avais mis sous cloche. Je ne savais pas encore ce que j'allais en faire mais au moins je savais qu'il ne disparaîtrait pas, c'était important pour moi », dit-elle.

Ce bistrot dont les origines historiques remontent à 1872 s'est mué en un lieu d'évènements baptisé « Chez Rococotte » à louer le temps d'un anniversaire, d'une fête ou de n'importe quel moment joyeux pour trinquer comme il se doit autour du zinc. On vient même depuis Paris pour ce petit plaisir...

Le projet de lui redonner vie à plein temps pour de bon reste vivace. « C'est le temps du courage qui s'ouvre, on a plus que jamais besoin de faire renaître des lieux comme celui-ci. Cela ne sert à rien de tourner autour du pot, je dois sauter le pas. Ce serait comme s'acheter une robe de bal, ne pas y aller et rêver de danser en la regardant sur son cintre. » Virginie s'y voit déjà, un peu au comptoir, un peu en cuisine et travaillant en famille. « On va me dire que je suis nostalgique, que c'est une image d'Épinal mais pour moi, c'est ça la vie. »

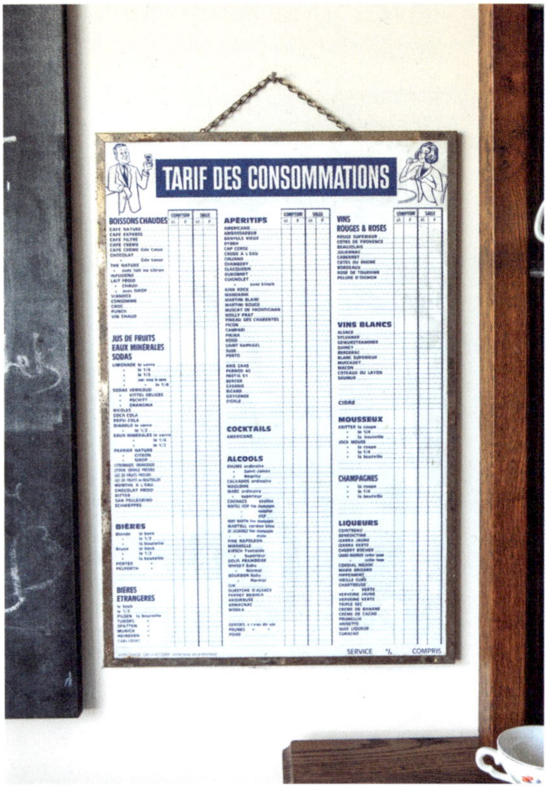

CHEZ ROCOCOTTE

26 rue Charles Rolland
89550 Hery.

06 16 02 98 22
virginie.lowyck@gmail.com

rococottezvouslavie.fr

▷ *Comptez de 60 à 150 € pour louer le bistrot, possibilité de dormir dans les chambres à l'étage (jusqu'à 8 personnes).*

« Les anciens du village m'ont raconté que la patronne adorait les mots croisés. Ils se réunissaient tous les samedis au café pour réfléchir ensemble. Aujourd'hui, ce serait une scène surréaliste. Je rêverais de voir les gens sortir de chez eux et se réunir à nouveau comme ça. »

VIRGINIE

NOYERS-SUR-SEREIN

LES MOUTONS DE CLAVISY

Juste avant d'arriver dans le village de Noyers-sur-Serein, ralentissez. Vous pourriez bien tomber nez à nez avec une joyeuse tribu de moutons et d'agneaux aimant prendre le frais en bord de rivière. Le tableau est idyllique. Ils crèchent à la ferme de Clavisy, chouchou des bonnes tables. Bon à savoir : la ferme vend aussi aux particuliers.

LA FERME CLAVISY

Lieu-dit Clavisy
89310 Noyers-sur-Serein.

Pour passer commande :
commandes.clavisy@gmail.com
06 76 63 99 05.

LE JOLI DÉTOUR

LA PETITE ROUTE *du Serein*

TONNERRE

Vallons tranquilles, courbes tout en douceur, champs de blé ondulant et couchers de soleil format cinémascope, la D86 qui longe la rivière du Serein depuis Tonnerre jusqu'à Avallon remporte haut la main la palme de la petite route la plus photogénique de ce livre. À la tombée du jour, il est quasiment impossible de ne pas croiser des chevreuils, renards ou sangliers en vadrouille. Coup de cœur assuré en juin et juillet. Vitesse conseillée : 70 km/h max.

Un décorateur de cinéma dirait : « Surtout, ne touchez à rien ! ». Tonnerre a des airs de Pompéi du petit commerce. Il faut se perdre dans ses ruelles, traquer les vestiges des boutiques d'antan, imaginer ce que fut l'ambiance du fantomatique café des Glaces. Plus si fantomatique que ça d'ailleurs, le lieu s'apprêtant à reprendre vie après plus d'une décennie de sommeil. Tonnerre, la belle endormie ? Que d'un œil, alors !

Tonnerre,
la belle endormie.

NOYERS-SUR-SEREIN

Jusque dans les années 70, il paraît qu'au Modern', on se serrait comme des sardines pour regarder les films (et que l'on aimait ça). Maisons à colombages, remparts fortifiés et rues pavées, Noyers ne vole pas son titre de joyau médiéval. Notre conseil : visitez le trop méconnu musée d'Art naïf suivi d'un pique-nique au bord de la rivière. Idyllique à la belle saison !

Noyers-sur-Serein, village vacances.

LE TONNEROIS EST UN PAYS TAILLÉ POUR LES AMATEURS DE PERSPECTIVES À L'AMÉRICAINE ET DE COUCHANTS SPECTACULAIRES.

Champs de blé
près du village de Mollay.

MADAME *Tisslaine*

Si Bernadette était capitaine, son navire s'appellerait l'insubmersible. Contre des vents économiques parfois contraires, derrière le comptoir de sa mercerie, cette Bourguignonne tient bon la barre depuis quarante ans. La retraite ? « Je ne suis pas du genre à lâcher », clame la patronne. Internet ? « Quelle drôle d'idée d'acheter une laine sur un écran sans la toucher. » Les pelotes qui s'entassent ? « Il faut que le client voit de ses yeux qu'il y a du choix, sinon il ira ailleurs. » Ça, c'était pour la petite leçon de commerce. À l'heure du tout marketing où l'on parle "rationalisation de l'espace", "parcours client", "storytelling", sa caverne aux trésors surchargée fait figure d'enclave rebelle dans notre monde aseptisé.

Tisslaine est de la famille des petites boutiques-monuments, modestes, immuables, attachantes, jalons de mémoire à la présence réconfortante. Tout passe, tout lasse, mais Madame Tisslaine (son surnom) reste, fidèle au poste. Qu'on crochète, tricote, rapièce ou qu'on soit totalement empoté de ses dix doigts, il y a un plaisir immense à pousser la porte d'entrée de cette mercerie inoxydable, ne serait-ce que pour entendre le carillon tinter.

TISSLAINE

8 rue de l'Hôtel de Ville
89700 Tonnerre.

▷ *Du mardi au samedi de 9 h 30 à 18 h, fermé le jeudi.*

OUI,
BERNADETTE
SAIT OÙ TOUT
SE TROUVE.

katia
PLASSARD
SULTANE
plassard
fonty
katia
fonty
plassard
CONCERTO
fonty
BB MERINOS

« Dès que je reçois une nouvelle pelotte, je tricote un petit pull. C'est plus parlant, on voit tout de suite ce que donnera la laine. Je les fais tous avec une petite encolure, comme ça en fin de saison je les donne aux gamines de Tonnerre pour qu'elles habillent leurs ours en peluche ou leurs poupées. »

BERNADETTE

SECRET D'INITIÉ

LA CHOCOLATERIE *abandonnée*

TONNERRE

SUR LE CARREAU

Cette ancienne chocolaterie est une Belle au bois dormant. Et dans le rôle du prince charmant, plusieurs ont déjà candidaté : un peintre anglais réputé l'aurait volontiers transformé en atelier, tandis qu'un directeur artistique parisien imaginait là un ravissant salon de thé. Dernièrement, une fleuriste a également tenté sa chance… en vain, pas de *happy end* en vue.

Tous les projets pour la ramener à la vie se sont évanouis. Les travaux à entreprendre dans la bâtisse restée dans son jus finissent immanquablement par doucher les plus motivés. Les mystiques diront que l'édifice se protège jalousement, veillant sur son trésor, un cinématographique décor de la fin du XIXe siècle demeuré miraculeusement intact.

CROQUETTES
F. Marquis
PARIS
59, Passage des Panoramas

CHOCOLAT LOMBART
BOUCHÉES
10 LA PIÈCE 10
LOMBART PARIS

La dernière propriétaire s'appelait mademoiselle Thévenin, fille du chocolatier du même nom dont le talent fit la réputation des lieux. C'est qu'on venait de loin pour les chocolats Thévenin. Lorsqu'il prenait la route de sa résidence de Colombey-les-Deux-Églises, le général de Gaulle, alors président de la République, s'autorisait un crochet pour se ravitailler en palets d'or, la spécialité de la maison, une ganache ferme enrobée de chocolat noir et surmontée de feuilles d'or.

Fermée depuis 1978, elle est aujourd'hui la propriété de la municipalité de Tonnerre. Dans la principale artère commerçante, ce commerce oublié est un anachronisme merveilleux. À l'intérieur, même la poussière est théâtrale. Les paquets, les ballotins, les verreries de l'époque, tout est encore là, comme si mademoiselle Thévenin venait de claquer la porte. La chocolaterie est d'ordinaire fermée au public, vous pouvez toutefois tenter votre chance à l'Office de Tourisme. Le trousseau de clés qui ouvre cette faille spatio-temporelle n'est jamais très loin...

CHOCOLATERIE THÉVENIN

27 rue de l'Hôpital
89700 Tonnerre.

Tél : 03 86 55 14 48

▷ *Adressez-vous à l'Office de Tourisme de Tonnerre.*

EXTINCTION DES FEUX

DORMIR
comme une bûche

SAINPUITS

Elle pourrait être la maison d'un écrivain ermite vivant de lecture, de bons vins et de feux de joie. Dans le scénario, il y aurait aussi, forcément, un ou deux chiens, bienveillants compagnons de solitude. Dans ce coin de forêt, le premier village est à 1,5 km. Pas exactement le bout du monde, donc.

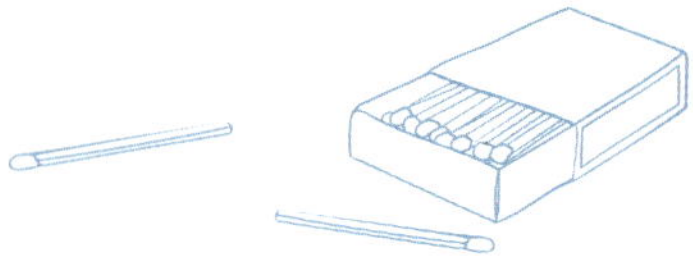

Pourtant une fois sur place, la sensation d'être seuls au monde impose sa petite musique. On guette le moindre craquement, le vent dans les arbres prend un tour poétique. C'est pile le dépaysement que cherchaient Marc et Louis en posant ici leur *tiny house*, minimaison sur roues autoconstruite entre copains adeptes des week-ends coupés du monde.

Si l'énergie est solaire et l'impact écologique réduit à son strict minimum, à l'intérieur le confort répond présent. Et à la question « Ok et une fois sur place, je fais quoi ? », nous répondons ceci : strictement rien. Enfin rien, c'est un grand mot. Il vous faudra allumer un feu, histoire de faire griller quelques chamallows emmitouflés dans un plaid. Ce qui pour un citadin peut être le début d'une grande aventure.

ÉTAPE 1 : CHOISIR SON BOIS COMME UN PRO

ÉTAPE 2 : POTASSER COMME UN DÉBUTANT

ÉTAPE 3 : IL N'Y A PAS DE PETITE VICTOIRE

CABANE BUCOLI

Le Bois des Barres
89520 Sainpuits.

buco.li

▷ *En semaine, la nuit est à 99 €, le week-end à 120 €.*

▷ *Le dîner et le petit déjeuner vous sont dépêchés sur le seuil de la cabane dans un panier.*

CONSEIL : N'ATTENDEZ PAS LA TOMBÉE DU JOUR POUR VOUS ATTAQUER AU FEU.

4

À BONNE ÉCOLE

De la petite école de village aux chemins buissonniers, il n'y a qu'un pas. Ou un tour de roue. Au volant d'une gaillarde 2CV, le territoire du Bugey dans l'Ain révèle toute sa diversité. Le soleil tape ? Cap sur la vallée de l'Albarine à la recherche des cascades et des sous-bois moussus.

D1075
D36
AMBRONAY
L'ABERGEMENT-DE-VAREY
D63
Château des Allymes
ONCIEU
D1504
D1504
ARANDAS
D104
ORDONNAZ
D32
SEILLONNAZ
D94
D87

LE JOLI DÉTOUR

L'ÉCOLE *buissonnière*

ONCIEU

LA PETITE ROUTE DES VIGNOBLES

Le Bugey déploie un patrimoine naturel et bâti d'une grande richesse, entre contreforts du Jura et des Alpes, châteaux et abbayes (dont celle d'Ambronay), cascades, lacs ou canal du Rhône. Pour profiter de cette belle variété, rien de tel que de parcourir les petites routes du coin.

Elles invitent à traverser les vignobles du Cerdon, découvrir le magnifique point de vue sur l'Ain depuis le château des Allymes, faire une halte à l'abbaye d'Ambronay, sillonner les beaux villages typiques de l'Abergement-de-Varey, Oncieu, Arandas ou Ordonnaz.

Une singularité à ne pas manquer : la vue plongeante sur Oncieu, village construit en cercle autour d'un vaste pré central, depuis les virages de la route descendant dans la vallée.

SEILLONNAZ

On peut finir sa virée par une halte gourmande et œnologique à Seillonnaz, à la maison Bonnard pour goûter aux cépages autochtones du Bugey (mondeuse ou altesse) et profiter de la vue dégagée sur les vignes et la vallée.

Si vous préférez l'option pédestre, autour d'Ambronay on trouve de magnifiques chemins forestiers où les cascades jalonnant la route ont donné à la végétation recouverte de mousse un petit air de forêt de Merlin l'enchanteur...

DANS LE BUGEY UNE ÉCOLE PEUT EN CACHER UNE AUTRE.

Au hameau perché de Lacoux, c'est un centre d'art contemporain de poche qui a remplacé les bancs d'écoliers depuis 1972

Expo, vue spectaculaire et petit café associatif : un passage obligé avant de descendre vers la cascade de Charabotte (ci-contre).

www.cacl.info

APRÈS *la classe*

AMBRONAY

SOUVENIRS D'ÉCOLIER

En 1850, la petite école communale d'Ambronay fait sa première rentrée. 2014, la cloche retentit une dernière fois. Finis le tohu-bohu des récréations, le brouhaha des sorties de classes, les marelles endiablées et les bousculades dans le grand escalier en pierre. Les écoliers auront désormais classe dans un bâtiment plus grand et fonctionnel. Se pose la question du devenir de cette école plus que deux fois centenaire. Attention sujet sensible car son souvenir est gravé dans le cœur de générations d'enfants du village. C'est à ce chapitre de l'histoire qu'intervient Nathalie, ancienne directrice d'imprimerie, passionnée de déco inspirée et grande amoureuse des lieux à atmosphère.

À L'ÉCOLE… COMME À LA MAISON

Sitôt franchi le seuil, on se sent comme chez soi. Un patio couvert, les platanes dans la cour de récré, un grand escalier à arcades, du bleu Majorelle sur les murs… Les meubles années 50 et la déco scolaire chinés par Nathalie rendent cette grande maison d'hôtes inclassable. Il y flotte le parfum de l'école idéale, celle où l'on aurait adorer apprendre à lire et compter. CE2, CM1. Le souvenir des anciennes classes est inscrit sur les portes des chambres. La cantine de son côté s'est muée en une cuisine vintage plus vraie que nature. Profitons-en pour siroter une limonade locale (les gosses auraient adoré). Le parquet, lui, continue de craquer comme à la grande époque. Presque l'école du Petit Nicolas de Sempé !

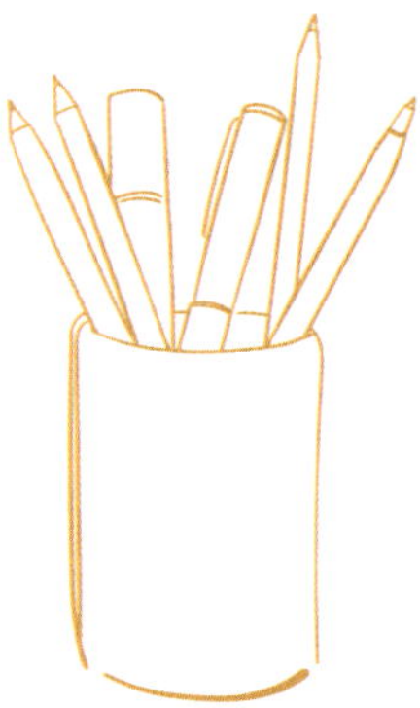

ON DÎNE OÙ POUR SE FAIRE PLAISIR ?

En face ! Les gastronomes diront que cette maison d'hôtes est née sous une bonne étoile puisqu'il suffit de traverser la rue pour s'attabler à l'auberge de l'Abbaye d'Ambronay récemment étoilée par le Guide Michelin.

aubergedelabbaye-ambronay.com

Portez
ce whisky
au vieux
juge blond
qui fume.

LA MAISON D'AMBRONAY

46 Grande Rue
01500 Ambronay.

lamaisondambronay.fr

▷ *Brunch tous les jours sur réservation.*

▷ *130 € la nuit pour deux, petit déjeuner compris.*

Le goût du détail,
zéro fausse note.

5

PRESQUE LA PROVENCE

Avant d'être un pays, la Provence est un fantasme. Celui d'une terre préservée baignée de soleil, de collines piquées de lavandes et d'oliviers, de mille placettes de village où refaire le monde à l'ombre des platanes. Avis aux lecteurs. La tentation de déménager sur un coup de tête est grande.

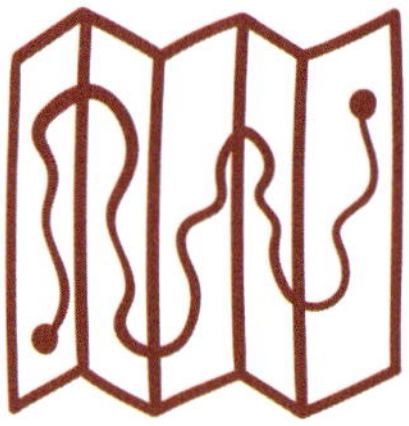

LA DRÔME

VAUCLUSE
VAU
CLUSE

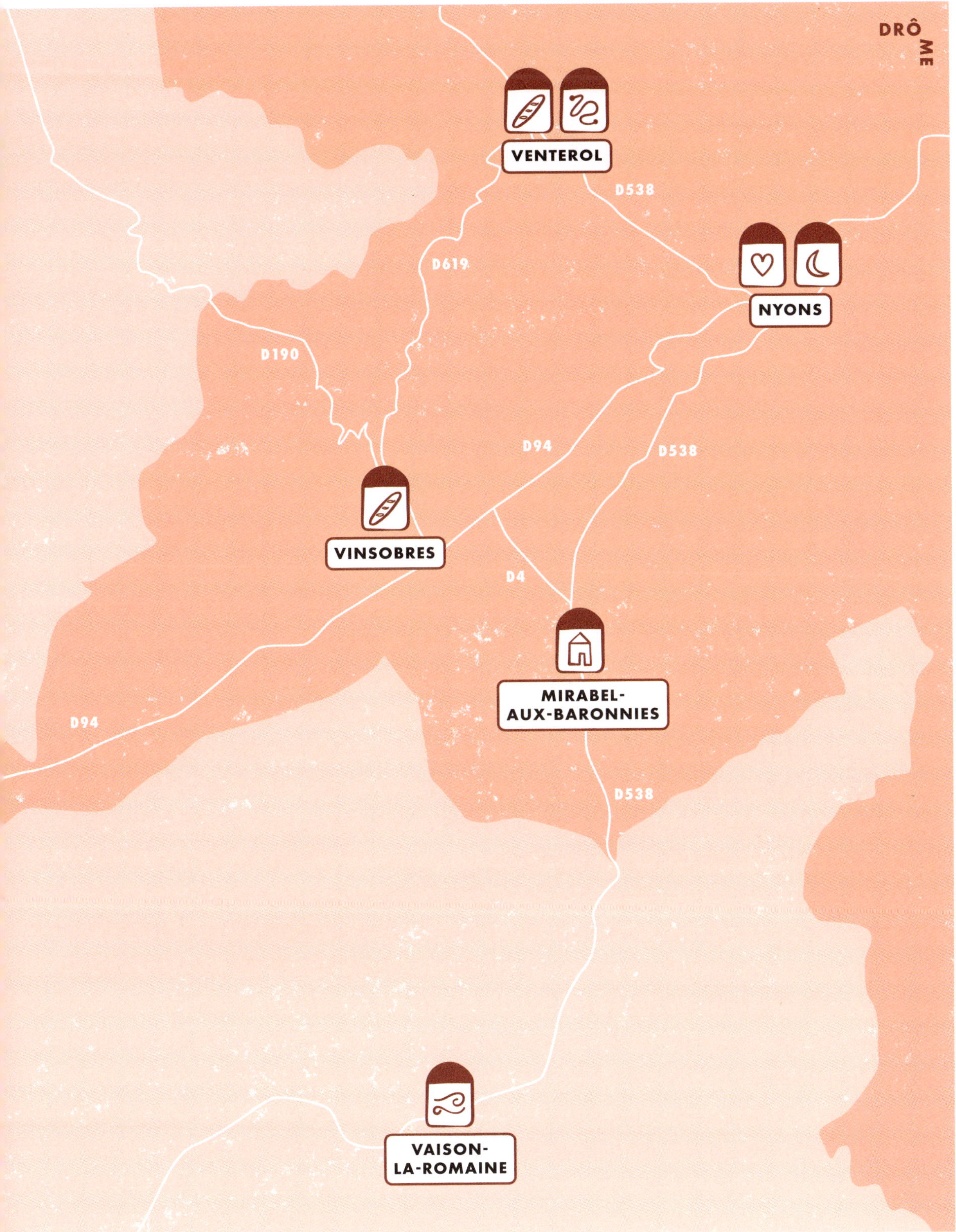
DRÔME
VENTEROL
D538
D619
NYONS
D190
D94
D538
VINSOBRES
D4
MIRABEL-
AUX-BARONNIES
D94
D538
VAISON-
LA-ROMAINE

LA BELLE RENCONTRE

LA FIBRE *familiale*

NYONS

9 heures, un matin de juillet à Nyons. Le thermomètre flirte déjà avec les 30 degrés. Les cigales ? À bloc. Derrière les lourds volets de bois de cette bâtisse provençale ombragée de solides platanes, on boulonne dans la bonne humeur, on se félicite d'avoir dompté une courroie récalcitrante tout en veillant « à l'oreille » sur des machines plus que centenaires, guettant le moindre bruit inhabituel.

Pour le néophyte, c'est une joyeuse mélodie de cliquetis métalliques, d'entrechoquements d'aiguilles et de crochets lustrés par les ans. La manipulation de ces mécaniques historiques parfois capricieuses est ici essentiellement une affaire de femmes. Frédérique Fert, l'arrière-petite-fille du fondateur et sa fille Sophie sont à la manœuvre, concentrées car garantes d'un savoir-faire unique en France transmis depuis cinq générations.

« J'ai le souvenir de moi à 10 ans dans l'atelier apprenant les finitions des scourtins. Je n'avais qu'à descendre l'escalier, j'ai grandi dans l'appartement juste au-dessus. D'ailleurs j'y vis encore. Vous voyez, je ne suis jamais très loin des machines. »

SOPHIE

Antiques scourtins et photos de famille.

« Nos machines sont rustiques et réclament beaucoup d'attention. On les connaît par cœur, on devance les problèmes », commente Sophie tout en réajustant une aiguille. Que fabrique-t-on à la Scourtinerie ? Des scourtins en fibre de coco, nom que l'on donnait aux filtres retenant la pâte d'olive au moment du pressage de l'huile.

En 1892, Ferdinand et son épouse Marie Fert révolutionnent le genre en inventant la première machine à fabriquer le scourtin. À peine lancée, la saga familiale aurait pu s'arrêter net après l'hiver 1956. La France connaît alors un épisode de gel sans précédent. Les troncs des oliviers provençaux éclatent, la production locale d'huile met un genou à terre et La Scourtinerie frôle la faillite.

JACQUES TATI À LA RESCOUSSE

Pour survivre, la famille Fert ose détourner le scourtin de sa fonction d'origine en l'invitant dans l'univers de la décoration. « Les gens du coin ont mis mon grand-père sur cette piste car sur les pas-de-porte des maisons, il n'était pas rare de croiser de vieux scourtins transformés en paillassons », explique Sophie. Un coup de pouce du destin va venir de... Jacques Tati. En 1958, dans « Mon Oncle », le cinéaste place trois scourtins sur le perron de la fameuse Villa Arpel, principal décor du film. Sauvé ! Le coup de publicité est immédiat.

Dans l'atelier resté dans son jus, la seule concession à la modernité est le double vitrage, pour le reste, « pourquoi changer ce qui marche très bien ? ». L'atelier se visite toute l'année gratuitement et c'est un ravissement.

Pelote provençale,
quand mère et fille font équipe.

LA SCOURTINERIE

36 La Maladrerie
26110 Nyons.

scourtinerie.com

▷ *Du lundi au samedi de 9 h à 18 h (18 h 30 en été).*

BON À SAVOIR

Les scourtins et une sélection de produits artisanaux sont en vente dans la jolie boutique au rez-de-chaussée de la maison.

VILLE
d'histoire(s)

VAISON-LA-ROMAINE

La chance sourit aux lève-tôt ! En voyage, les réveils matinaux sont souvent propices aux rencontres insolites. 7 h 45, place Montfort. Tandis que Vaison-la-Romaine paresse encore, un couple bat déjà le pavé, deux gros cartons ficelés sur un chariot, s'arrêtant à chaque plot, borne, muret et rebord, pour en vider le contenu au compte-gouttes. Intriguant. Emboîtons-leur le pas ! La méthode est précise, rapide, d'une efficacité rodée par l'expérience. On sent bien que le temps est compté. Bientôt la rue sera à tout le monde. Et il fera (très) chaud.

À chaque stop, un livre est furtivement « abandonné » sur son présentoir de fortune. On s'approche sans déranger. Sur la couverture, une étiquette encourage la curiosité : « Merci de m'adopter ». À peine s'attarde-t-on, qu'ils se sont déjà remis en route. Suivre les livres à la trace s'avèrera un bon prétexte pour saisir toute la beauté de cette ville et en découvrir les recoins. De retour à l'hôtel, on se renseigne. « Un grand monsieur mince qui marche vite ? Ah mais c'est Jean-Pierre l'ancien bibliothécaire de Vaison, il est à la retraite mais les livres c'est toute sa vie. » Depuis deux ans, à la belle saison, Jean-Pierre, assisté de Françoise, joue ainsi chaque matin au petit Poucet littéraire. L'entrepôt de leur association « Livres en balade » compte 25 000 ouvrages et le duo a déjà parcouru deux cents kilomètres pour disperser belles lettres, encyclopédies et manuels scolaires par monts et par vaux.

NOUS QUITTONS VAISON AVEC UN POLAR SCANDINAVE DANS NOTRE VALISE.

LE JOLI DÉTOUR

SE PERDRE *dans le paysage*

VENTEROL

À Venterol de source sûre : dans ces champs de lavande éminemment instagrammables se glissent parfois des influenceurs et influenceuses sans gêne. Notre indic nous a confié que certaines viennent même en robe de soirée et talons hauts pour la photo. « On a connu mieux pour marcher dans la terre. Mais bon, nous on regarde ça depuis la maison, c'est un vrai spectacle. »

NOTRE CONSEIL

Les lavandes sont fragiles et s'apprécient « hors champs » ou avec une aimable autorisation.

Pour pousser plus loin l'expérience florale, roulez depuis Nyons vers le plateau d'Albion (1 h 15).

Date de floraison : juillet.

NOTRE PETITE ROUTE DES OLIVIERS

Avant d'arriver à Mirabel-aux-Baronnies, prendre la D185 en direction de Châteauneuf-de-Bordette.

44.317215731890634, 5.117495860432883 : c'est quoi ça ? L'adresse GPS de cette maisonnette aux volets bleus.

SOUDAIN, DEVANT TANT DE BEAUTÉ SE SURPRENDRE À DÉTESTER* L'ENDROIT OÙ L'ON VIT.

*MOMENTANÉMENT

CASSE-CROÛTE

MIDI *pile*

VINSOBRES

Objectif du jour : faire le tour des villages et se poser en terrasse pour grignoter à la bonne franquette. Première mi-temps à Vinsobres, seconde à Venterol. Début de partie ! Il est 12 heures à l'église de Vinsobres, direction l'unique bistrot de la bourgade. Près de la porte d'entrée, une demoiselle de 89 printemps, une « habituée de toujours » dit-elle, attaque le plat de résistance, tandis que sur la terrasse les tables se remplissent à vue d'œil. Les retardataires tentent leur chance auprès de Claudette, la patronne. En vain !

« Désolée, c'est complet, la prochaine fois passez-nous un petit coup de fil. » Dans ce bistrot de poche, à la belle saison on déjeune à guichet fermé. Et ça fait trente ans que ça dure. Ici, on travaille en famille et uniquement avec des produits locaux. La recette sans chichi du succès.

AUBERGE DU PETIT BISTROT

Place de l'Église
26110 Vinsobres.

Tél : 04 75 27 61 90

▷ *Plats à partir de 14 €.*

LE CAFÉ DE LA POSTE

1 Place Sabarot
26110 Venterol.

Tél : 04 27 60 90 01

VENTEROL

On dit qu'au cinéma, le casting des lieux de tournage s'avère parfois plus délicat que celui des acteurs. Pour l'adaptation du personnage de Raoul Taburin, né sous le crayon de Sempé, réparateur de vélos hors pair qui cache le terrible secret de n'avoir jamais su faire de... bicyclette, le réalisateur Philippe Godeau a longtemps cherché le village idéal avant de poser sa caméra à Venterol. Discret dans les guides touristiques, mais d'un charme fou. Bref, une pépite. Après le passage des décorateurs de cinéma et du tonique tandem Benoît Poelvoorde (dans le rôle du cycliste contrarié) - Édouard Baer (dans celui de l'empêcheur de tourner en rond), certaines façades ont gardé de sympathiques vestiges de leur Sempé-isation.

Si Raoul Taburin existait, il sortirait de son atelier pour la photo.

LE BISTROT
ÉPICERIE
BROCANTE
PLAT DU JOUR
BOUILLON ET BOEUF
CUISINE DE MÉNAGE
Café
CHARCUTERIE DE 1er CHOIX

Il n'y a de toute façon pas eu à forcer la carte postale, tout était déjà là. Prenons le pimpant café de la place : une façade en lettres peintes, un bistrotier à fort tempérament, la terrasse ombragée sous les platanes, les petites loupiotes la nuit venue, etc. Sans oublier les réunions au sommet des voisines qui, à tour de rôle, arrivent chaise sous le bras pour prendre le frais autour de la fontaine. Ici ce n'est pas du cinéma, c'est le train-train quotidien.

Vélos de cinéma
ou vélos de tous les jours ?

LE BISTROT DE VENTEROL

2 Place du Château
26110 Venterol.

JOUR

LA PETITE ADRESSE

UN THÉ
en Provence

MIRABEL-AUX-BARONNIES

Bord de route. Canicule. Pas un brin d'ombre. Un flot ininterrompu de voitures traverse le village. L'affaire est mal engagée. Soudain, une petite ardoise fléchée accrochée à un muret fait pencher le destin : « Terrasse ombragée » est-il écrit à la craie. L'Eldorado. Côté rue, une mignonne boutique de brocante aux tons poudrés. Côté jardin, un salon de thé secret avec patio sous la glycine.

LE 50

50 avenue de la Résistance
26110 Mirabel-aux-Baronnies.

▷ *Mardi de 15h à 19h, du mercredi au samedi de 10h à 19h.*

Cette bonbonnière provençale est l'ambassade de Sophie, peintre, chineuse, experte en thés glacés et amoureuse de sa région.

« Avant c'était simplement mon atelier et puis mes amies du village n'arrêtaient pas de me répéter : et si tu nous mettais une bouilloire et deux sachets de thé dans un coin ? » Un an plus tard, sa carte compte une cinquantaine de thés et d'appétissants gâteaux maison. Deux heures filent tout en douceur. Et si on a sorti notre calepin, c'est que cette enfant du Sud n'est pas avare de bonnes adresses. Elle vous dira quelle porte de glacier pousser et dans quelle boutique au vieux parquet ciré il fait bon croquer des macarons provençaux. Levons le suspense : à la Maison Boyer, à Sault.

EXTINCTION DES FEUX

UN SOLEIL *réparateur*

NYONS

Frédérique nous précède dans son petit jardin ensoleillé. « Vous avez senti le parfum de lavande qui flotte sur le quartier ? Je pense qu'ils distillent aujourd'hui. » Le décor est posé. Au cœur du mois d'août, dans cette ancienne conserverie devenue un loft de poche au charme brut, l'été semble invincible. C'est décidé, il ne fera plus jamais froid, nous vivrons désormais de grandes salades, de citronnades et de dîners à n'en plus finir sous l'ombrière de la terrasse plein sud. Autrefois, on préparait ici des pâtes de fruits et des confitures. Frédérique, styliste photo, a racheté une partie de cette grande fabrique pour y nicher son rêve de vacances, un atelier devenu cocon, tout entier tourné vers l'extérieur, les pieds jamais très loin de la rivière d'Eygues, coulant en contrebas.

LA CONSERVERIE DE NYONS

11 chemin des Vivandes 26110 Nyons.

@laconserveriedenyons sur Instagram.

▷ *À partir de 95 € la nuit.*

Lauriers-roses, ombre et lumière, que demander de plus ?

Surplombant la rivière,
l'arche de 40 mètres tient bon depuis 600 ans.

BAIN DE MIDI, BAIN DE MINUIT

Pour la baignade, il faut se faufiler entre les buissons et crapahuter avec entrain (ou prudence selon ce qu'on porte aux pieds) sur les pierres d'un chemin raviné. Un vrai raccourci d'initiés. Les intrépides plongent dans les trous d'eau depuis les rochers, les autres barbotent dans le courant ou se prélassent sur la rive. Alors oui, bientôt ce sera septembre, la rentrée puis les premiers frimas qui arrivent toujours trop tôt. En attendant que tout se gâte, les hôtes trouvent ici ce qui leur manquait : du temps pour soi.

6

HYPER INACTIVITÉ

Se laisser dériver avant de se reposer dans une roulotte de Playmobil®. C'est le programme de cet entre-deux où nous taillons la route sur les traces de la France vintage. À nous, antiques boutiques en sommeil, villages tranquilles et souvenirs d'une époque où l'on trouvait de tout un peu partout !

Tapisserie Décorati

L'AIR DU PAYS

LA FRANCE *vintage*

CHAROLLES

À mi-course de notre voyage, nous cédons à l'envie du zéro plan. Sans itinéraire, ni horaire, cartes, guides et GPS aux abonnés absents, quel plaisir d'avancer au petit bonheur, de bifurquer sur un coup de tête parce qu'on « sent » que quelque chose nous attend au prochain tournant, ou celui d'après, ou encore un peu plus loin. Sur notre parcours, nous nous laissons porter par le hasard. Pour le voyageur qui sait encore s'égarer, les belles découvertes ne manquent pas.

CONCESSIONNAIRE OFFICIEL
JAEGER-LE COULTRE
Christofle
CONCESSIONNAIRE

CLAMECY

Une certaine idée
du bonheur à Charolles.

CAFE TABAC

M.LLIERE
carrosserie

TEINTURERIE

Coiffure

Serrurerie

Nous avons un faible pour le patrimoine de proximité, la petite boutique endormie, les publicités murales vantant les eaux minérales d'avant guerre et les enseignes fermées depuis belle lurette. Si l'on croise trop de rideaux de fer baissés et de panneaux à vendre, on peut aussi voir le verre à moitié plein. La richesse patrimoniale est immense. Rêvons de réouvertures. De reprises par de nouvelles énergies. Vous en êtes ?

VANZAY

REUILLY-SUR-CLAISE

CLAMECY

SUR NOTRE ROUTE : VIEILLES ENSEIGNES, DEVANTURES DE BOIS QUI S'ÉCAILLENT, PUBLICITÉS PEINTES ET LA PROMESSE DE COMMERCES DE PROXIMITÉ À FOISON. À QUAND UN LABEL « VILLE VINTAGE » POUR PROTÉGER CE PETIT PATRIMOINE ?

EXTINCTION DES FEUX

LA PETITE ROULOTTE *dans la prairie*

BEAULON

Dans son habit jaune et bleu, elle nous rappelle des souvenirs cette roulotte « Circus » ! Des lions de plastique rugissant, des aventures échevelées et des voyages au long cours menés dans le secret de nos chambres d'enfant. Bref, d'anciennes et ineffaçables histoires de Playmobil®. Pour certains, ces péripéties de petits bonshommes articulés avaient le parfum de la promesse que plus grand on ne ferait plus « comme si », on ferait pour de vrai. Chiche ! Marie-Ange et Antoine ont transformé cette prairie de l'Allier en un immense terrain de jeu, bâtissant ici à taille réelle ce qui peuplait leur imaginaire enfantin : trois pimpantes roulottes de cirque, une guinguette où la fête ne demande qu'à battre son plein, un théâtre de marionnettes, etc.

WELCOME TO THE CIRCUS PARTY
PERRUQUES & COSTUMES
JEUX
ORGUES DE BARBARIE
EXPOSITION
VOTRE AVENIR
Mme Irma est là !

Chaque roulotte est passée sous les pinceaux de Marie-Ange, l'artiste de la maison.

LES ROULOTTES DES GRILLOTS

Les Grillots
03230 Beaulon.

Tél : 06 16 08 36 72

▷ *À partir de 95 € la roulotte pour deux, petits déjeuners compris.*

Côté buvette, c'est Olivier qui joue au limonadier.

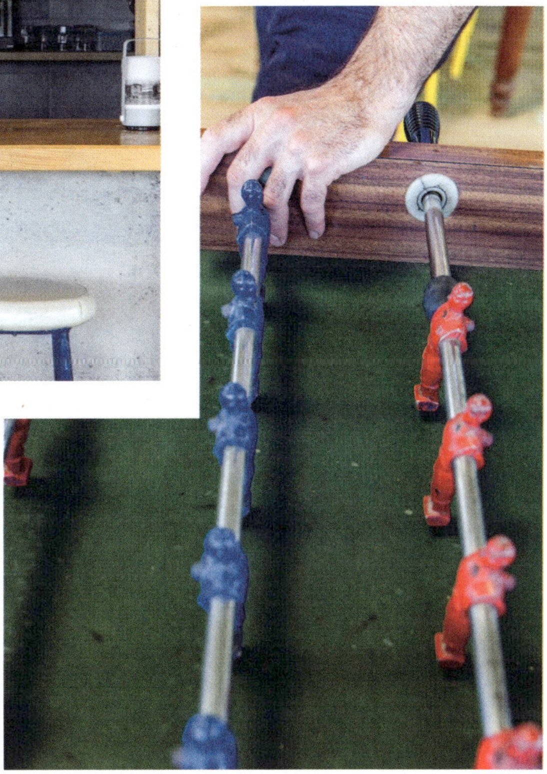

Derrière ces roulottes-chambres d'hôtes au milieu des champs se cache le travail de deux passionnés. C'est Antoine, ébéniste de métier, qui les a construites de A à Z avant que Marie-Ange, peintre-décoratrice, ne leur donne à chacune leur âme d'un coup de pinceau magique. À les écouter évoquer leurs projets pour cet endroit hors du monde, qu'ils souhaitent voir grandir et s'animer tant qu'ils auront des idées (et ils n'en manquent pas !), on entend déjà les flonflons de la fête foraine sous les ciels d'été, les rires et les musiciens.

7

ET POURQUOI PAS VIERZON ?

Tu as voulu voir Vierzon ? Eh oui, Jacques Brel, nous aussi on a vu Vierzon. Et la ville mérite bien plus que le détour. Tout est cassé ? Pas grave, on va reconstruire. Restaurateurs, fous de tracteurs, et porteurs de projets XXL, les gens d'ici et d'ailleurs ont décidé de n'en faire qu'à leur tête.

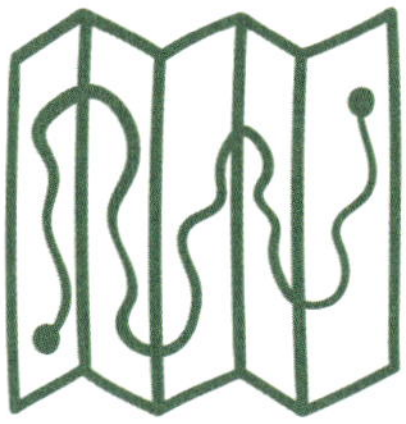

VIERZON

LOIRE-ET-CHER
D2076
D28
D27
INDRE

CHER
D30
SAINT-LAURENT
VIERZON
D27
D32
D122
ALLOUIS
D918
D30
D2076
REUILLY
D918

CUISINE
& indépendance

SAINT-LAURENT

Quelle est votre recette du lâcher-prise ? Pour Éloïse Monziès : « Un couvercle que l'on soulève pour prendre le temps d'humer un fumet d'épices qui torréfient dans de l'huile de coco. » Un moment qui la transporte.

Dans une ancienne grange devenue à la fois son chez elle, son laboratoire-bibliothèque, et un refuge buissonnier hors du monde, ouvert au public le temps de stages culinaires, cette jeune cheffe entend enseigner « une cuisine à sensations ». Écouter un frémissement de bon augure, savourer comme il se doit les minutes consacrées à l'épluchage de légumes bien élevés. Et sentir, goûter, ressentir, se connecter à ses envies et aux produits.

Chez Éloïse les livres culinaires font le mur.

Les fruits

Sitôt préparé…
sitôt dégusté.

LA RECETTE DU BONHEUR

Derrière ses fourneaux à portée de jardin potager, Eloïse prône une cuisine connectée à la nature et au plaisir. Essentiel, ça, le plaisir. « La cuisine peut être perçue comme une contrainte. Souvent, en lâchant ses casseroles pour passer à table, on se dit : mince, j'étais sur les nerfs tout du long. » Faire (bien faire) doit être aussi gratifiant pour soi que le moment de la dégustation.

De ses années passées en tant qu'assistante d'un chef étoilé, la trentenaire a gardé le goût du RER. Ce RER-là : « Rigueur, Engagement, Régularité ». Pour le reste, elle a changé ses habitudes. Dans sa « clairière » comme elle l'appelle, la cuisine démarre d'abord les pieds dans la terre pour récolter ce que la nature a à offrir. « Je crois que comme beaucoup de chefs, j'ai ressenti le besoin de m'ancrer, de voir pousser devant mes yeux ce que je cuisine. »

Dans la grange, un dîner se prépare.

Bientôt, Éloïse se partagera entre la campagne et la ville. Son challenge : réveiller une ancienne charcuterie du centre de Vierzon. À l'heure où vous lirez ces lignes, ce sera chose faite.

JULIE, BONNE COPINE ET BONNE FÉE, AUX PETITS SOINS DU JARDIN NOURRICIER.

ÉLOÏSE MONZIÈS

La Clairière
18330 Saint-Laurent.

Tél : 07 87 25 93 68

eloisemonzies.com

▷ *Cours de cuisine à partir de 50 €, stage de cuisine sur 5 jours 250 €.*

▷ *Possibilité de dormir dans une chambre d'hôtes sur place.*

RENDEZ-VOUS *à la ferme*

ALLOUIS

Alexa et Sébastien sont des producteurs de fromage à part. Vous en en connaissez beaucoup, vous, des fermes avec des fresques réalisées par des *street artists* ? Dans la contrée, leurs chèvres frais, demi-secs et secs bio moulés à la louche ont les faveurs des chefs et des gourmets.

Le duo, reconverti, vise la perfection. « Faire un bon fromage de chèvre est une affaire de patience et d'humilité. Dans ce métier, on raisonne en années et pas question de se reposer sur ses lauriers. » Avant de quitter la contrée, remplissez votre panier directement à la ferme ouverte au public et passez dire bonjour aux « filles », les 120 chèvres de l'exploitation, toujours à l'affût d'une caresse.

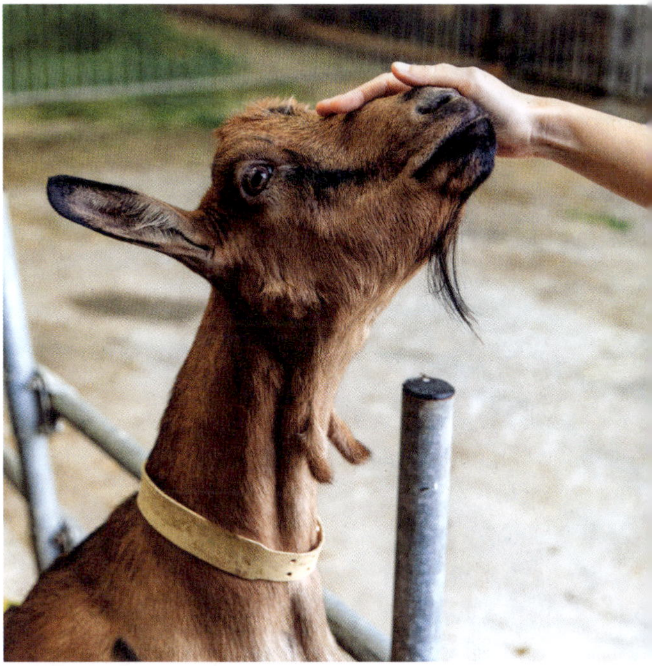

FERME BILLON-SABATIER

229 Sardonnet
18500 Allouis.

Tél : 02 48 51 55 94
fermebillonsabatier.com

▷ *Du lundi au samedi de 9 h à 11 h 30 et de 16 h à 18 h les vendredis, samedis et mercredis.*

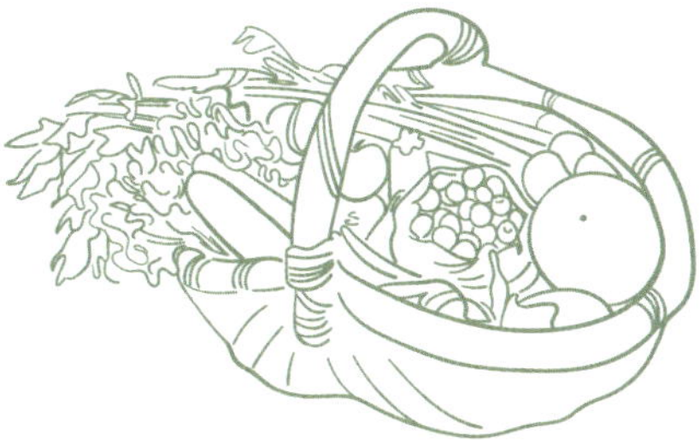

BIENTÔT
ouvert

Les anciens ateliers de la Société Française en attente d'une nouvelle vie. Et pourquoi par une immense serre ?

À VIERZON, QUAND ON CHERCHE DES MÈTRES CARRÉS POUR SON PROJET, ON A ENCORE L'EMBARRAS DU CHOIX.

Ancienne usine électrique. Très belle hauteur sous plafond.

L'ancien moulin de la Chaponnière en phase de réhabilitation.

Une cathédrale de fer pour un projet de réalité virtuelle XXL.

SECRET
D'INITIÉ

MOTEURS,
ça tourne !

VIERZON

Brisons la glace. « Accepteriez-vous d'être pris en photo ? », s'enquiert-on poliment en débarquant dans cet univers de tracteurs, de cambouis et de clés à molette. Réponse des intéressés penchés sur leur moteur : « Pas de problème, de toute façon ici il n'y a que des beaux gosses. »

Cette joyeuse équipe de passionnés, pour beaucoup retraités, retape ce qui fut longtemps la fierté industrielle de la contrée : « le Vierzon », un tracteur rondouillard et trapu qu'on jurerait échappé d'une boîte à jouets. C'est d'ailleurs dans cette usine qu'était fabriquée cette petite star des engins agricoles aujourd'hui convoitée par les collectionneurs du monde entier.

ROULEURS DE MÉCANIQUES

Chaque semaine, ces as de la mécanique ouvrent les capots, graissent, démontent et réparent. Au milieu des machines, l'une d'elles attire notre attention. Sur le museau du tracteur est collée la photo d'une femme. Explications du mari : « Il y en a qui offrent des bijoux, moi j'ai préféré offrir un Vierzon. » La chanceuse s'est donc vu doter d'un superbe tracteur personnalisé avec son portrait. Reste à savoir à qui cela fit le plus plaisir...

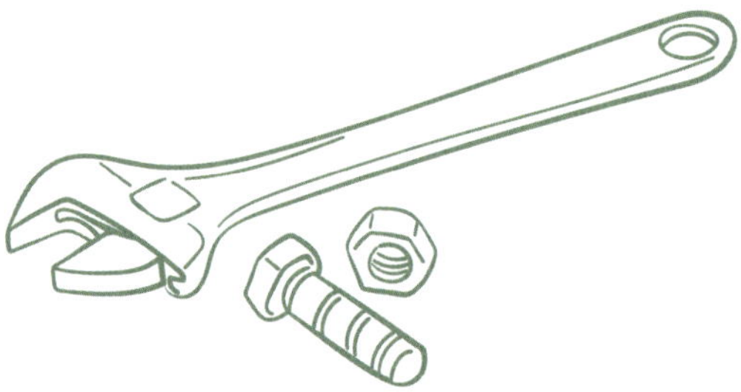

*Carcasse à réanimer ?
Moteur au 36e dessous ? Même pas
peur ! Aucun défi mécanique
ne semble venir à bout
de l'enthousiasme de ces passionnés.
Tous les métiers se croisent
avec l'entraide comme mot d'ordre.
Objectif : faire tourner les Vierzon.*

« Il y en a qui offrent des bijoux à leur femme. Moi, j'ai préféré offrir un Vierzon. »

UN PASSIONNÉ

L'ancienne usine est accessible au public tous les vendredis après-midi. N'hésitez pas à demander une visite guidée. Si, sur le papier, l'univers des tracteurs ne vous émeut pas, l'ambiance cinématographique de l'endroit, sa lumière zénithale et ses aimables mécanos devraient rapidement vous faire changer d'avis.

ASSOCIATION MÉMOIRE INDUSTRIELLE & AGRICOLE DU PAYS DE VIERZON

**19-23 rue du Bas de Grange
18100 Vierzon.**

▷ *Accessible au public les vendredis après-midi.*

CASSE-CROÛTE

CHER *Japon*

REUILLY

Les 3 Cépages ont eu les honneurs du Michelin, du Fooding et du Gault & Millau. Sur le plan gastronomique, on savait donc qu'on ne serait pas déçus (et on ne l'a pas été). Mais ce qui nous intriguait le plus, on l'avoue, c'est l'histoire singulière de ses fondateurs. Un couple de Japonais (Takashi et Hikari Sato) qui plaque son archipel pour vivre dans un village du Cher avec comme ambition de faire renaître un hôtel-restaurant fermé depuis une décennie et n'intéressant plus grand monde. Pas vraiment banal. Attendez de lire la suite. Rembobinons.

Sur la photo, au centre Takashi Sato et sa femme Hikari entourés de leur équipe.

LA FRANCE À BICYCLETTE

En 2004, Takashi quitte le Japon pour un drôle de périple. Objectif : sillonner l'Hexagone pendant un an, à vélo, trente kilos de bagages à la pesée, une tente et un sac de couchage comme seul luxe. L'aventure avec un grand A. Sans parler un mot de français, il va pédaler de vignoble en vignoble, travailler dans les chais et les vignes pour saisir au plus près la subtilité des vins français. Ce voyage sportif, initiatique et œnologique bouclé, Takashi est de retour au pays.

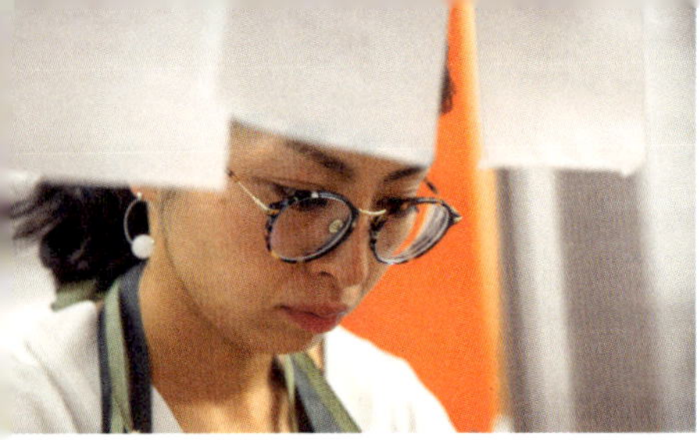

| *Aux fourneaux, la cheffe Tomoe Ajiri.*

Lui et sa femme Hikari ouvrent leur restaurant, le « Bon courage », clin d'œil à cette phrase que Takashi entendait lorsque les vignerons le voyaient repartir à vélo, toute sa vie sur son dos, qu'il vente, pleuve ou neige. En 2011, le terrible tsunami qui submerge le Japon donne au couple des envies de changement de vie. Et pourquoi pas la France ? Pas à Paris ni dans une grande ville, mais au cœur du terroir, le vrai. Ils entendent parler de ce restaurant à Reuilly, dans la campagne berrichonne. L'aventure pouvait commencer. Et pas n'importe quel jour, s'il vous plaît, le 1er mai 2014. La fête du travail bien fait.

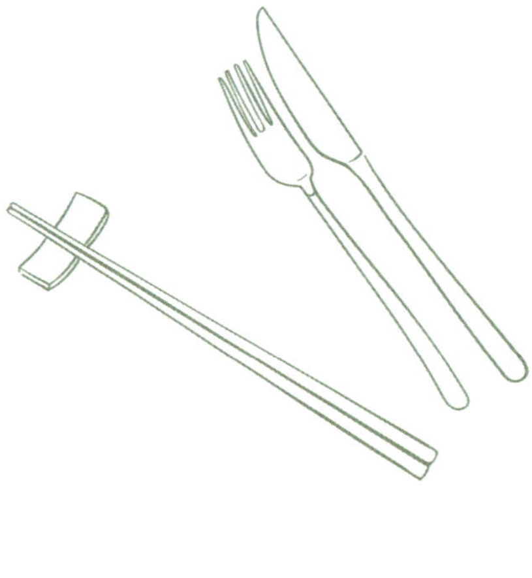

DÉCOUVERTE ŒNOLOGIQUE DE LA SOIRÉE :

Les vins de Guillaume Sorbe du Domaine les Poëte (voisin du restaurant) dont la devise est « moins mais mieux ».

lespoete.com

LES 3 CÉPAGES

17 rue de la Gare
36260 Reuilly.

Tél : 02 54 03 23 13

les-3-cepages.com

▷ *Menus : 30 € (midi sauf dimanche), 48 € (midi et soir) et 68 € (soir et dimanche midi).*

SAINT-LAURENT

Prenez une ferme solognote, ajoutez-y la crème des producteurs locaux, invitez des musiciens, installez des tables et laissez la magie opérer.

C'est comme ça tous les vendredis d'été à la ferme des Places.

La ferme des Places
4 route de Vignoux
18330 Saint Laurent.

Pensez à réserver pour le dîner champêtre au 02 48 51 50 70.
fermedesplaces.com

8

BALLE AU CENTRE

Si l'on découpe la France en bandes horizontales, notre chemin suit celle du centre, de l'Indre vers les Deux-Sèvres. Sur la route, les belles rencontres et les coups de cœur ne manquent pas. Qui a parlé de la diagonale du vide ? Pas nous !

CENTRE

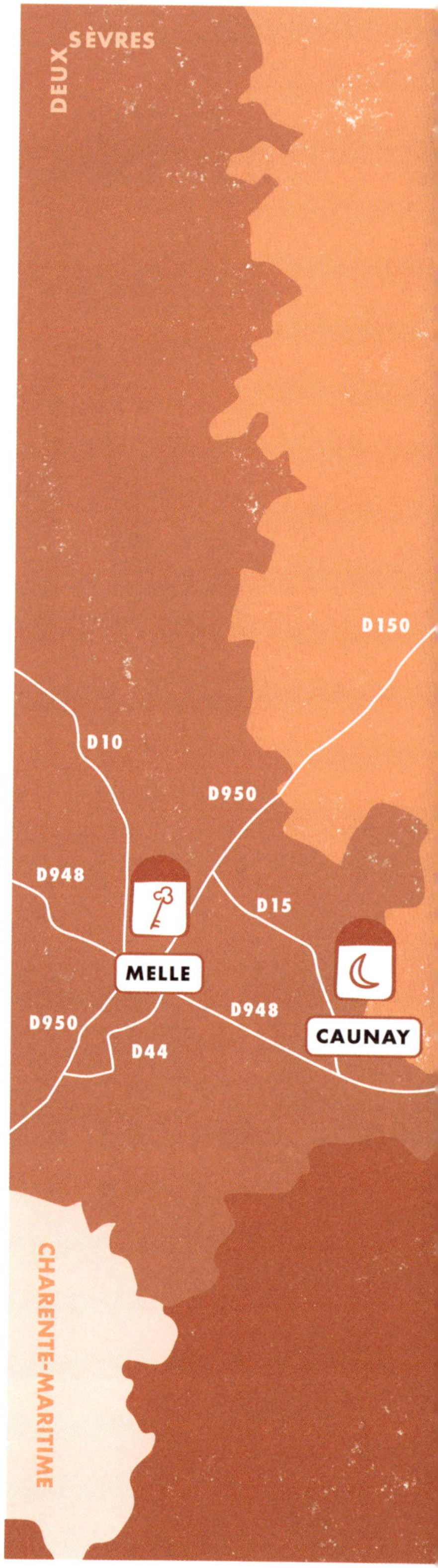
DEUX SÈVRES
D150
D10
D950
D948
D15
MELLE
CAUNAY
D950
D948
D44
CHARENTE-MARITIME

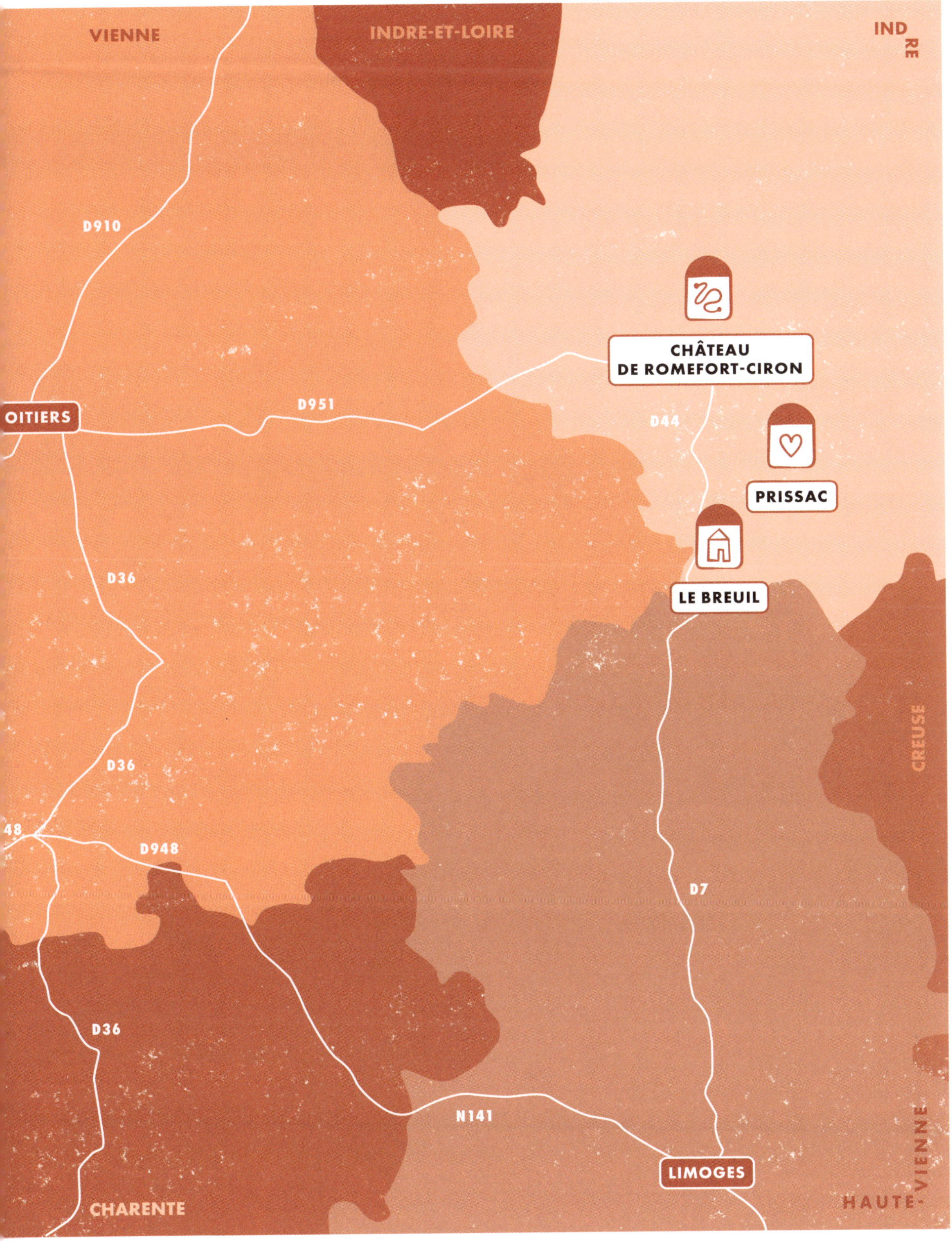
VIENNE
INDRE-ET-LOIRE
INDRE
D910
CHÂTEAU
DE ROMEFORT-CIRON
OITIERS
D951
D44
PRISSAC
LE BREUIL
D36
D36
CREUSE
48
D948
D7
D36
N141
LIMOGES
CHARENTE
HAUTE-VIENNE

LA BELLE RENCONTRE

LES TERRES *du milieu*

PRISSAC

Une fois par an, Brigitte Penicaud ouvre les portes de son atelier à ses élèves. Ce qu'ils cherchent ici, au cœur d'une campagne préservée, c'est la liberté. Face à la terre, parole de potier, pas d'empêcheurs de tourner en rond. On y vient pour requinquer sa créativité, expérimenter de nouvelles techniques, ou tout simplement renouer avec le travail des mains. En général, à la fin du stage de cinq jours, les élèves repartent réénergisés, mus par une féroce envie de faire. « Voilà dix ans que je transmets. J'ai mis quarante ans à trouver des trucs et des astuces. Aujourd'hui, je les partage avec grand plaisir. »

HORS DU MONDE, HORS DU TEMPS

L'atelier, la maison, la réserve de bois pour le four, la petite mare entourée d'herbes folles, forment une sorte d' îlot protégé du monde extérieur. « C'est une activité très solitaire la céramique, mon style de vie est monacal. Avec mon potager, mes poules, je vis en quasi autosuffisance, il m'arrive de ne voir personne pendant trois semaines, le temps passe si vite quand on travaille la terre à l'atelier. À mon arrivée, il y avait tout à faire, tout à rénover. Mais j'ai su tout de suite que ce serait ici et pas ailleurs. »

Dans l'atelier qui ouvre sur la nature, des pièces attendent leur passage au four, d'autres sont prêtes à partir chez les collectionneurs. Brigitte nous parle de la cuisson au bois dans son grand four coréen, de la chimie et du hasard quand elle utilise de la cendre pour composer ses émaux. « La cendre du bouleau donne des roses incroyables. »

Comment devient-on potière ? « J'ai appris sur le tas dans les années 70. À 18 ans, je n'avais pas beaucoup plus d'ambition qu'être une ouvrière maîtrisant un savoir-faire au tour. Au bout de dix ans, je me suis mise à explorer d'autres choses, la couleur est arrivée et ce fut la révolution ! » Modeste, sa reconnaissance est à peine évoquée. Elle est venue d'elle-même, dit-elle. « Je ne l'ai pas cherchée, aujourd'hui j'ai la chance que mon art ait touché les collectionneurs. Mais c'est un métier qui est difficile, exigeant. Je n'aime pas la perfection, tout ce que je fais c'est un peu tordu, ça bouge, la perfection ce n'est pas mon histoire. J'aime que la terre soit un peu comme nos visages avec les traces de la vie ! »

DANS LE FOUR DE 9 M^3, LA CUISSON AU BOIS DURE 36 HEURES. IL FAUT SE RELEVER LA NUIT, C'EST TOUT UN RITUEL À RESPECTER.

STAGES

Les stages de Brigitte se déroulent l'été. L'idée ? Découvrir la terre, apprendre à la toucher, acquérir les techniques.

450 € les 5 jours, repas du midi compris. Pour connaître les prochaines dates, écrivez à Brigitte.

Les Places
36370 Prissac.

Tél : 02 54 25 02 77

penicaud@gmail.com

LE JOLI DÉTOUR

PISCINE *naturelle*

Y A-T-IL UN MOMENT PLUS AGRÉABLE, QUAND ON SILLONNE LA CAMPAGNE PAR TEMPS DE CANICULE QUE DE DÉCOUVRIR PAR HASARD UNE RIVIÈRE OÙ PIQUER UNE TÊTE ? ICI, LE HASARD SE CACHE AU PIED DU CHÂTEAU DE ROMEFORT SUR LES RIVES DE LA CREUSE.

À la recherche de fraîcheur et d'espace pour se balader ou musarder à vélo, on quitte la vallée de la Creuse pour le parc naturel de la Brenne et ses milliers d'étangs.

Le grand étang de la Mer Rouge dominé par la silhouette imposante du château du Bouchet.

CHAILLAC

GARDE-ROBE

Rousses, bicolores, au pelage ras, bouclé ou long… Quand les vaches changent de robes, c'est souvent le signe que l'on entre dans une nouvelle région.

CHÂTELAINS
à la cool

LE BREUIL

Prenez l'image que vous avez d'un couple de châtelains. Oubliez-la. Voilà, vous êtes prêts à faire la connaissance de Julie et Romain. Aux portes du parc naturel de la Brenne, dans l'Indre, cette fleuriste et ce sommelier veillent sur un château du XVIe siècle, un vrai de vrai, avec sa tour ronde, sa tour carrée, son étang, sa forêt, ses 22 hectares de terres, ses quatre dépendances, sa chouette (elle vit sous la toiture) et ses fantômes.

Ah non, pas les fantômes, pardon. Julie tient à préciser qu'aucune manifestation spectrale n'est à signaler. Leur aventure immobilière semble évidemment colossale, presque incongrue à une époque où les sept premières lettres de l'alphabet mesurent les performances énergétiques de nos *home sweet home*. Les châteaux sont des habitués de la septième lettre. G comme Gigantesquement énergivore.

Une spécialiste de l'au-delà est passée ausculter le château. Verdict : aucune âme tourmentée ne vous réveillera.

UNE CAPSULE TEMPORELLE

Le duo s'est lancé dans ce projet un peu fou avec une idée bien précise : investir un endroit chargé d'histoire pour le transformer en lieu de vie, de travail, de création, d'échanges et de poésie. Car elle est poétique cette grande bâtisse, restée volontairement dans son jus sous l'impulsion de Julie. Des imperfections naissent la beauté et ce fameux supplément d'âme que les Anglo-Saxons appellent un certain je ne sais quoi. À l'étage, les tapisseries fleuries d'époque donnent ainsi aux chambres d'hôtes un petit air de décor de roman d'Agatha Christie. On y pose ses valises, fourbus de la route mais ragaillardis à l'idée de passer à table (sur la terrasse ou au coin du feu, c'est selon la saison) pour déguster, entre autres, les vins naturels (spécialité de la maison) des copains vignerons de Romain.

CHÂTEAU LE BREUIL

Le Logis du Breuil
36310 Chaillac.

Tél : 06 73 91 86 09

chateaulebreuil.com

▷ *À partir de 115 € la nuit, petit déjeuner compris.*

▷ *Table d'hôtes 25 € par personne.*

▷ *Pour les stages de yoga, les ateliers d'art floral et d'initiation aux vins nature, renseignements sur demande à hello@chateaulebreuil.com*

Une fois par mois, un marché champêtre réunit dans le parc des petits producteurs et des artisans locaux, avec possibilité de pique-niquer sur place sans chichi. Le duo propose également des ateliers de création florale, des dégustations œnologiques et des stages de yoga. Ah, on allait oublier : un bar à vins éphémère et des soirées pizzas seront également bientôt au programme. Une amie boulangère est justement en train de remettre en route le four du château. À la cool les châtelains, on vous dit.

SECRET D'INITIÉ

LA GALERIE *dans la grange*

MELLE

Un artiste qui possède une grange a-t-il besoin d'une galerie pour exposer son travail ? À Melle, dans les Deux-Sèvres, il faut juste lever les yeux pour découvrir les œuvres de Jean-Marc depuis la rue. Perchée à trois mètres, une incroyable ville de papier-collé occupe le premier étage de sa grange. Un architecte poète chargé du plan d'urbanisme d'une cité merveilleuse ? Il n'en faut pas plus pour nous donner envie de toquer à sa porte.

S'il n'y avait que des Jean-Marc sur Terre, le problème du recyclage du carton et du papier n'en serait plus un. « Les amis et voisins savent que je n'en ai jamais assez. » D'une boîte de biscottes cabossée qui traîne dans son atelier sortiront peut-être les marches d'un escalier vertigineux ou quelques lucarnes à coller de guingois sur un toit de bristol. Et les cartons de déménagement réformés ? De futurs murs porteurs d'immeubles parisiens biscornus ! Les boîtes de pâte roulottée feront des cheminées plus vraies que nature. Ici, rien ne se perd, tout se recrée, avec un cutter, de la colle, et un insatiable appétit d'enfant-bâtisseur.

EXCELLENT DESSINATEUR ET AQUARELLISTE, JEAN-MARC CONÇOIT SES FRAGILES ÉDIFICES COMME UN ARCHITECTE.

L'ancien étudiant des Beaux-Arts de Paris a roulé sa bosse et vécu plusieurs vies. Mais dans ses petits papiers, c'est Paris, sa ville de cœur qu'il a sillonnée et dessinée pendant toute sa jeunesse, qui occupe une place de choix. Fantasmant l'architecture de ses immeubles populaires et leur toiture de zinc, au point de réinventer sans cesse la capitale, toujours plus fantasmagorique et tarabiscotée. Au fil du temps, Jean-Marc s'est permis de rêver à d'autres univers à mi-chemin entre réel et dessin animé où les immeubles-châteaux, les cabanes de pêcheurs perchées et les minimondes sur pilotis, les grues et les phares, semblent avoir un plan secret : se libérer de la pesanteur du réel pour toucher le ciel.

POUR DÉCOUVRIR DE PLUS PRÈS LES ŒUVRES DE JEAN-MARC

2 bis rue de Bretagne
79500 Melle.

acasafeliz.com

Prenez rendez-vous par mail :
jm.plumauzille@gmail.com
ou au 06 32 16 83 46.

Les accidents du carton gondolé donnent aux façades la patine du temps qui passe.

UN GRAND BOL *d'Eire*

CAUNAY

C'est comme s'accorder un break loin de tout chez une arrière-grande-tante un peu excentrique vivant sans tralala, entourée de ses poules, chevaux, chiens et chats, dans une grande maison infernale à chauffer. Et tant pis si chaque matin, le coq réduit à néant toute tentative de grasse matinée.

Chez Mad Hatter's Kitchen, l'essentiel est qu'on s'y sent comme en famille. Planté au milieu d'un bout de campagne des Deux-Sèvres, ce *Bed and Breakfast* est un exemple du fameux goût anglo-saxon, qui nous fait tant défaut, nous autres timides Français. C'est vrai ça, qui d'autre pour mixer sans tomber dans le kitsch le portrait peint d'une famille de bulldogs anglais, des coussins fleuris et une ribambelle de bibelots improbables ?

Menu

MAD HATTER'S KITCHEN

Le Logis, Le Breuillac
79190 Caunay.

Tél : 05 49 27 67 29

▷ *80 € la chambre double.*

MELTING-POT

Les hôtes, Charlotte et Glyn, un couple de cuisinière et charpentier irlandais, ont posé leurs valises il y a une quinzaine d'années dans cette ancienne ferme restée porte close pendant dix ans. Et le week-end, la maison se transforme en un fantastique bistrot de campagne où Français et Anglo-Saxons viennent déguster roast beef, puddings et crumbles mitonnés maison. L'adresse est aussi connue pour son minifestival musical à la mi-août dans le grand jardin où se croisent en temps ordinaire des chevaux, deux chiens et une clique de chats photogéniques.

MAD HATTER'S

FANTASME VS RÉALITÉ

Cassons un mythe. Avant de prendre la route, on se fait des promesses. C'est normal. Comme multiplier les arrêts dans les fermes et chez les producteurs pour composer des paniers pique-niques de roi quand on ne déjeunera pas dans une petite auberge au bord d'un canal ombragé. Elle est tellement belle cette imagerie d'Épinal du voyageur hédoniste qu'il faudrait être bien désabusé pour ne pas l'emporter avec soi le matin du grand départ. La réalité, bien sûr, se charge de graisser la nappe immaculée. Combien de frites et de sandwiches engloutis à la va-vite en bénissant la chance d'être tombé sur quelque chose d'ouvert ? Qu'on se le dise, c'est aussi ça la vie des auteurs de guides. Plus de jus de chaussette de thermos que de cafés de comptoir.

FRITES
SANDWICHS

9

CUEILLETTE SAUVAGE EN BORD DE LOIRE

La botanique de bord de chemin, c'est comme tout, ça s'apprend. Aux côtés de Doriane, la teinture végétale nous livre (un peu) de ses secrets. De cueillette en glanage, on finit forcément par tomber sur la Loire et ses nuances infinies. Confirmation par la pratique : la douceur angevine n'est pas un mythe.

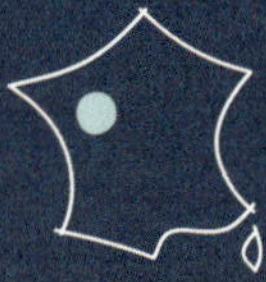

COULEURS *locales*

BLAISON-SAINT-SULPICE

Ah ! les couleurs de la nature... Là, on ne parle pas des tonalités saisonnières inspiratrices des poètes, mais du nuancier secret qui, pour un œil un peu savant, pousse en abondance sur le bord des chemins. Écorces, racines, fleurs, graines, herbacées...

LA MAIN VERTE

Un peu botaniste, un peu druidesse-chimiste, Doriane fait partie de ces initiés qui connaissent les super pouvoirs du règne végétal sur le bout des doigts. Les bocaux en verre de son atelier indiquent coquelicot, écorce de bouleau, ou encore racines de rhubarbe.

Tiens d'ailleurs, ça donne quoi le coquelicot en teinture végétale ? Attention, il y a un piège. Pas du rouge mais du gris. À la fameuse phrase, « tout plaquer pour… », Doriane a donc rempli les points de suspension par « teinturière végétale dans la campagne angevine ». Rien de plus apaisant que la douceur des bords de Loire pour un stage d'initiation. Suivons-la sur les chemins creux !

curcuma
2017
eau de
fer

MAISON SEPTEMBRE

Lieu-dit Le Rocher
1 chemin des Fontaines
49320 Blaison-Saint-Sulpice.

maisonseptembre.com

▷ *Chambre double à partir de 80 €, petit déjeuner compris. Doriane fait aussi table d'hôtes en mettant l'accent sur les producteurs locaux.*

La chambre d'hôtes au style minimaliste et reposant de Maison Septembre.

Après la cueillette dans la campagne environnante, place à la pratique dans le cadre idyllique de la petite fermette et de son jardin clos où vit et travaille Doriane. Les végétaux passent d'abord au toilettage (triés, nettoyés, parfois coupés) avant le grand bain chaud en marmite ou casserole. Filtrée et débarrassée des résidus des plantes tinctoriales, on laisse refroidir l'eau colorée avant d'y plonger la laine vierge. Retour sur le feu jusqu'à l'obtention de la couleur attendue. Essorage et séchage. C'est prêt ! Magique !

BON À SAVOIR

Les stages de teinture végétale se déroulent toute l'année,

▷ *250 € les 2 jours d'initiation et de pratique.*

LE JOLI DÉTOUR

MARINS
d'eau douce

MOUSSAILLONS D'UN JOUR OU PIQUE-NIQUEURS CONTEMPLATIFS : DIRECTION LES BERGES DE LA LOIRE, HISTOIRE DE DONNER DU CORPS À L'UN DES JURONS PRÉFÉRÉS DU CAPITAINE HADDOCK.

Un pique-nique façon Tom Sawyer en face de l'île de Gennes.

LA BONNE IDÉE

Embarquer pour une minicroisière sur le fleuve entre Angers et Saumur sur une embarcation d'époque depuis Le Thoureil.

Réservations sur revesdeloire.fr

LE THOUREIL

OÙ CASSER LA CROÛTE ET PLUS SI AFFINITÉS ?

On ne va pas jouer les snobs. Une vue sur la Loire ça ne se refuse pas ! Pour un déjeuner qui prend son temps et se prolonge par une flânerie autour des « gabares » et des « toues » amarrées au quai, on s'arrête au 55 quai des Mariniers au restaurant La Route du Sel (en terrasse, bien sûr !) dans le petit village du Thoureil.

LA ROUTE DU SEL

55 quai des Mariniers
49350 Le Thoureil.

authoureil.com

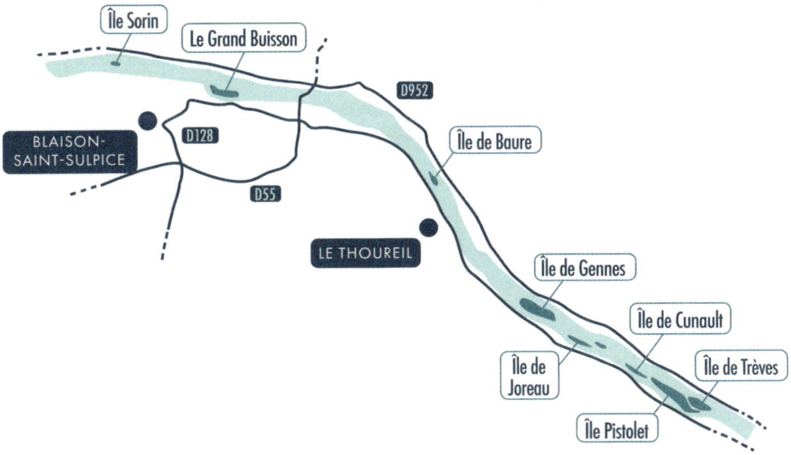

JALOUSIE :
NOM FÉMININ
DÉPIT ENVIEUX
RESSENTI
À LA VUE
DES AVANTAGES
D'AUTRUI.

10

UN TOUR NORMAND
ET PUIS S'EN VA

Parce que tout finit là où tout a commencé, nous retrouvons le bord de mer pour une ultime respiration iodée. Mais avant les vagues et le sable, la campagne normande a décidé de nous attirer dans ses filets en plaçant sur notre route guinguette pour dilettantes, vieilles pierres et soleil de fin d'été.

LA NORMANDIE

LA MANCHE
CALVADOS
LA MANCHE

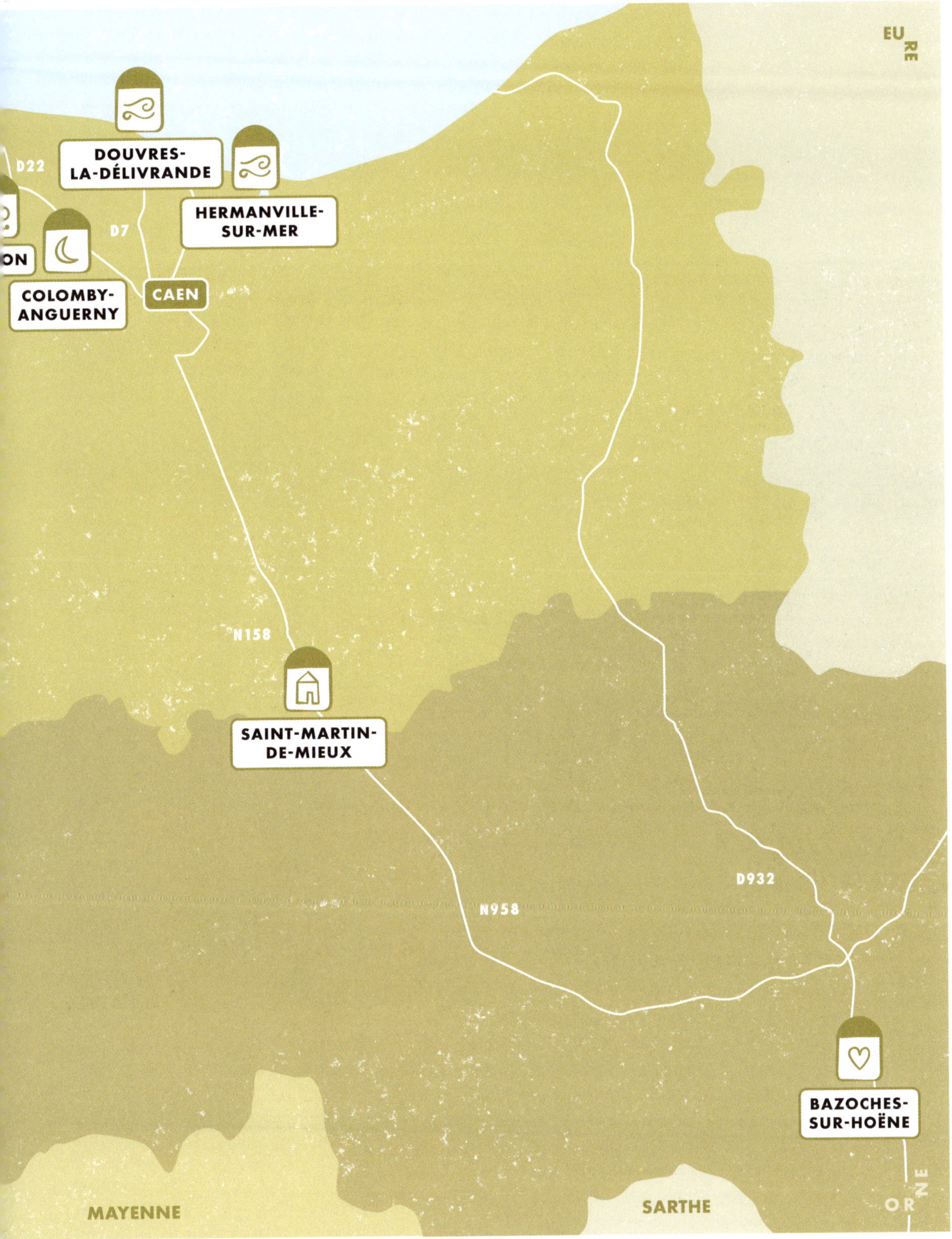
EURE
D22
DOUVRES-LA-DÉLIVRANDE
HERMANVILLE-SUR-MER
D7
ON
COLOMBY-ANGUERNY
CAEN
N158
SAINT-MARTIN-DE-MIEUX
D932
N958
BAZOCHES-SUR-HOËNE
MAYENNE
SARTHE
ORNE

RESTONS *désinvoltes*

BAZOCHES-SUR-HOËNE

Cherchons d'abord le mot « désinvolte » dans le dictionnaire (vous comprendrez pourquoi deux lignes plus loin) : « qui fait preuve d'une liberté un peu insolente, d'une légèreté excessive ». Bref, le genre de qualité à éviter sur un CV mais tout à fait recommandée pour mener à son terme un projet un peu dingue. Comme, par exemple, réveiller en un mois et un seul, une ferme isolée du Perche, endormie sous les ronces et accessible depuis une très petite route. Comment s'appelle ce lieu de rêve ? La maison Désinvolte. Pierre, un enfant du pays, déjà connu pour son goût exquis en matière de décoration (il possède une boutique du même nom dans le village tout proche de Bazoches-sur-Hoëne) en est l'instigateur. Ce trentenaire au flegme de dandy en a eu l'idée pendant le confinement. Lorsque que, coincés entre quatre murs, nous rêvions tous de nature et de retrouvailles entre amis, lui, mettait son rêve à exécution.

Sandrine
en cuisine,
le calme avant
le coup de feu.

COMPTOIR DE BISTROT
DE VILLAGE SOUS
LA GRANGE, TABLES
ET TABLEAUX, INSTALLATIONS
D'ŒUVRES D'ART ICI
ET LÀ DANS LES BÂTIMENTS
ABANDONNÉS, OBJETS
DÉCO À CHINER,...
LA FLÂNERIE EST
UN EXERCICE VIVEMENT
RECOMMANDÉ À LA
MAISON DÉSINVOLTE.

LA MAISON DÉSINVOLTE

Pour être tenus au parfum de son ouverture prochaine, il faut suivre le garçon sur son compte Instagram : @lamaisondesinvolte.

En attendant l'ouverture, vous pouvez pousser la porte de la boutique de brocante de Pierre à Bazoches-sur-Hoëne (5 Grande Rue).

« Je voulais un lieu en déshérence à investir pour y installer une guinguette, un parcours d'art et de la brocante. » Pierre tombe sous le charme de cette maison en vente, trouve un accord avec le propriétaire pour l'occuper le temps des beaux jours et voilà l'affaire entendue. Car oui, la magie du lieu est... éphémère ! Excusez-nous pour l'ascenseur émotionnel. Mais dès le printemps revenu, Pierre posera ses bonnes idées dans un autre endroit du Perche.

Teasing : il sera aussi étonnant que celui-ci, verdoyant, magique et chargé d'histoires.

LA PETITE ADRESSE

CHAPELLE *d'artiste*

SAINT-MARTIN-DE-MIEUX

C'est l'histoire d'une renaissance. En 1987, cette petite chapelle normande édifiée au XIIIe siècle (surnommée « la chapelle aux pommiers ») tombait en ruines, fermée au public depuis plusieurs années. De passage dans la région, l'artiste japonais Kyoji Takubo tombe sous son charme. C'est décidé, elle deviendra une œuvre d'art ! Sur les murs, il passe plusieurs couches de peinture qu'il gratte ensuite patiemment pour faire apparaître des branches de pommier. Sur le toit, il comble les trous avec des tuiles de verre aux couleurs de l'arc-en-ciel laissant filtrer les rayons du soleil à l'intérieur de l'édifice. Il lui faudra sept ans pour mener à bien cette résurrection. Une pépite à découvrir quand le soleil donne.

CHAPELLE SAINT-VIGOR

14700 Saint-Martin-de-Mieux.

▷ *Visite de juillet à octobre (4 €).*

▷ *Vérifiez les horaires d'ouverture auprès de l'Office de Tourisme de Falaise au 02 31 90 17 26.*

FAÇADES *maritimes*

DOUVRES-LA-DÉLIVRANDE

LES MALADES IMAGINAIRES

Vous avez un début de migraine ? Non ? Mais si, faites donc un effort ! Parce que tous les prétextes et les petits bobos sont bons à prendre - même imaginaires - pour franchir le seuil de la pharmacie Lesage. Elle a gardé le nom de celui qui la fit naître, Georges Lesage, pharmacien esthète qui en 1901 passa commande à son architecte avec pour seule consigne : « Que ce soit moderne ! ». Et voilà le résultat. Miraculeusement épargné par les bombardements durant la Seconde Guerre mondiale, ce petit bijou Art nouveau a gardé sa décoration intérieure intacte. En attendant votre boîte de paracétamol, profitez-en pour admirer les mosaïques et les boiseries.

PHARMACIE LESAGE

78 rue du général de Gaulle
14440 Douvres-La-Délivrande.

HERMANVILLE-SUR-MER

LES EMBRUNS SALÉS ONT EFFACÉ SON NOM. CETTE MIGNONNE VILLA SE PRÉNOMME JOLIMENT « LA BLUETTE ». BÂTIE EN 1899, ELLE EST L'ŒUVRE DE JEUNESSE DE L'ARCHITECTE HECTOR GUIMARD, BIG BOSS DE L'ART NOUVEAU.

BON À SAVOIR

À admirer les pieds dans le sable, depuis la plage d'Hermanville-sur-Mer, au numéro 272 rue du Pré-de-l'Île.

LE JOLI
DÉTOUR

L'ÉGLISE *abandonnée*

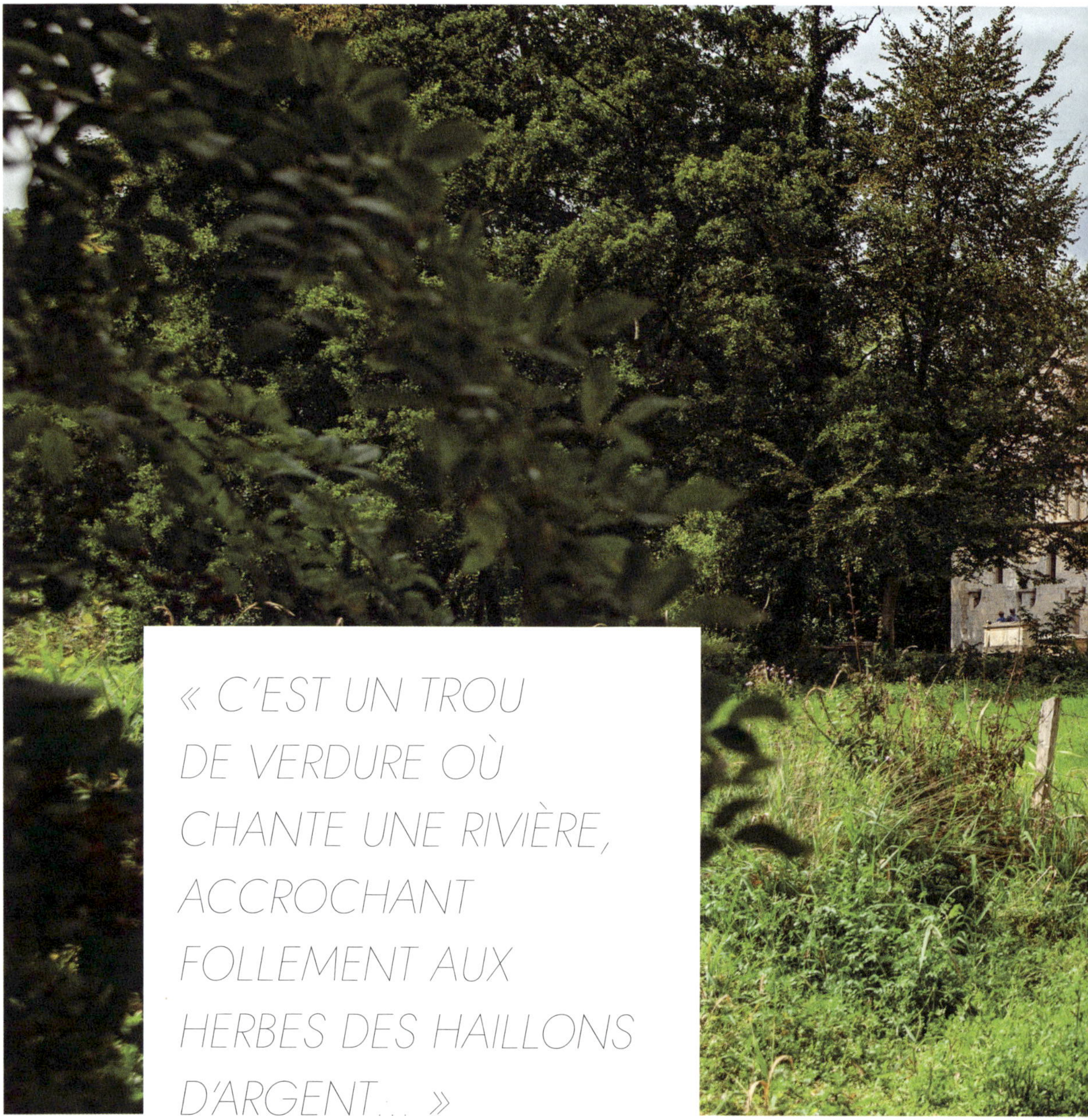

« C'EST UN TROU
DE VERDURE OÙ
CHANTE UNE RIVIÈRE,
ACCROCHANT
FOLLEMENT AUX
HERBES DES HAILLONS
D'ARGENT... »

THAON

Cette petite église romane, construite à l'écart du village de Thaon, pourrait servir de décor au fameux poème de Rimbaud, *Le Dormeur du Val*. Aucune route asphaltée n'y mène, comptez juste sur trois chemins de terre (même le GPS en perd son latin). Abandonné depuis 1840, l'édifice est devenu une curiosité romantique sur laquelle veille une poignée d'amoureux des vieilles pierres. Là-bas, nul bruit de moteur, seulement le chant des oiseaux et le murmure du ruisseau. Il faut en faire le tour, admirer les sculptures cachées, effleurer la rugosité des pierres lavées par les siècles et, une fois devant l'entrée, coller son œil contre le bois fendu de la porte. Ouvre-t-elle parfois ? Oui, tous les dimanches en juillet et août de 15 h à 18 h 30 lors de visites guidées gratuites assurées par l'association des Amis de la Vieille Église Saint-Pierre de Thaon.

Nous reviendrons !

LA MARCHE À SUIVRE POUR LA TROUVER

Entrez « Thaon » dans le GPS, traversez la commune direction Fontaine-Henry, laissez sur votre gauche la nouvelle église.

500 mètres après celle-ci, un parking vous attendra au bord de la route. La vieille église Saint-Pierre se trouve en contrebas dans la vallée. Marchez dix minutes et vous y voilà !

Vous n'avez pas tout bien compris ? Vous verrez une fois sur place, c'est (presque) simple.

vieilleeglisedethaon.free.fr

DESIGN
& vieilles pierres

COLOMBY-ANGUERNY

Voilà une cachette qui a du goût. Forcément, puisque la propriétaire n'en manque pas. Styliste culinaire, Laurence du Tilly a rénové cette charmante maisonnette pour la transformer en abri paisible et design. Le genre de point de chute normand dont rêve n'importe quel citadin claquemuré, surtout s'il a été contraint au télétravail confiné...

De l'air pur ! Du calme ! Pas de vis-à-vis ! Un tiercé gagnant pour égoïstes qui s'assument. On imagine une autre vie à cette maison d'hôtes quand le château de l'autre côté de la petite rue boxait dans la catégorie grand seigneur. Remise, maison de gardien, grange ? Aujourd'hui, le *mix and match* de la pierre et d'un caisson de métal ouvrant sur le jardin donne à l'adresse tout son charme, preuve que modernité et tradition peuvent faire bon ménage.

Mobilier vintage à l'esprit nordique, chambre cocon sous les combles, jolis luminaires ici et là, terrasse-transat en haut, terrasse-transat en bas ; les prétextes pour ne rien visiter alentour ne manquent pas. Le petit plus qui fait plaisir : découvrir le pain croustillant du petit déjeuner déposé à la porte par une main bien intentionnée. Un seul regret. Qu'il ait fait trop chaud pour lancer le poêle à bois.

L'ANNEXE

21 rue de l'église de Colomby
14610 Colomby-Anguerny.

laurencedutilly.fr/annexe/

▷ *À partir de 150 € la chambre double, petit déjeuner compris.*

1 104 127

C'est en kilomètres l'étendue du réseau routier français.
Quel formidable terrain d'exploration !

Couple de globe-trotters hexagonaux, Laurence, et son bloc-note, Fabrice, et son appareil photo, savent qu'il y aura toujours quelque part une petite route oubliée qui les attend et des gens tout autour pour leur ouvrir les portes de leur « pays ».

ALORS, EN ROUTE TOUTE !

Laurence et Fabrice partagent régulièrement leurs découvertes sur leur compte Instagram

@les.petites.routes

Un grand merci à tous ceux qui nous ont si bien reçu chez eux. À Voyages Gallimard pour sa confiance et son engagement (Merci Hélène, bravo Flora et Delphine !). Aux photographes pour le partage de leurs photos. Et à Jean-Marc accompagné de sa planche de grange pour nous avoir sorti d'une ornière à l'entrée d'un champ près de Melle, histoire de nous rappeler qu'il n'y a pas de vrai voyage sans péripéties de bord de route !

DIRECTION ÉDITORIALE
Hélène Firquet

SUIVI ÉDITORIAL
Delphine Blétry

AUTEURS
Laurence Guilloud et Fabrice Le Dantec

PHOTOGRAPHIES
Fabrice Le Dantec,
et p. 56-57 @ Max Chaffaut/association VVV, p. 58 @ Bertrand Rieger/hemis.fr,
p. 59 @ Gloria Herpin/jetraine.canalblog.com, p. 114 @ Vincent Allard, p. 115 @ macromike,
p. 116 @ Camille Moirenc/hemis.fr, p. 117 @ Franck Guiziou/hemis.fr,
p. 185 (gauche) @ Julie Béal/@juliebeal.photo

RESPONSABLE ARTISTIQUE
Flora Monnin

ILLUSTRATIONS
Flora Monnin et Céline Lafond

CARTOGRAPHIE
Flora Monnin et Céline Lafond

LECTURE-CORRECTION
Élizabeth Rouzy

FABRICATION
Julien Recurt

RELATIONS PRESSE
Sophie Gallet

PHOTOGRAVURE
IGS-CP (L'Isle-D'Espagnac)

Achevé d'imprimer en Espagne
Sur les presses d'Indice, Espagne
Dépôt légal : avril 2021 Numéro d'édition : 374733
ISBN : 978-2-7424-6289-6
PEFC PEFC/14-38-00202